Jw_cad図面データを使ってたのしく模型をつくろう！

Jw_cadで かんたんに つくれる 建築模型

櫻井良明 ＝ 著

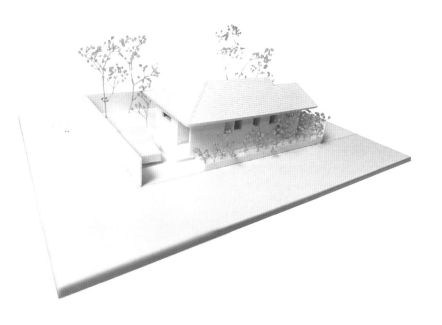

本書をご購入・ご利用になる前に必ずお読みください

●本書の内容は、執筆時点（2022年12月）の情報に基づいて制作されています。これ以降に製品、サービス、その他の情報の内容が変更されている可能性があります。また、ソフトウェアに関する記述も執筆時点の最新バージョンを元にしています。これ以降にソフトウェアがバージョンアップされ、本書の内容と異なる場合があります。

●本書は、「Jw_cad」を利用して模型を制作するための解説書です。本書の利用に当たっては、「Jw_cad」がインストールされている必要があります。Jw_cadのインストール方法はp.15を参照してください。なお、Jw_cadの基本操作は詳しく解説しておりません。基本コマンドなどの操作方法はマスターしていることを前提としております。Jw_cadの基本操作は該当本を参照ください。

●本書で解説しているフリーソフト「Jw_cad」については無償のため、作者、著作権者、ならびに株式会社エクスナレッジはサポートを行っておりません。また、ダウンロードやインストールについてのお問合せも受け付けておりません。

●本書は、パソコンやWindows、インターネットの基本操作ができる方を対象としています。

●本書は、Windows 10がインストールされたパソコンで「Jw_cad Version 8.25a」（以降「Jw_cadバージョン8.25a」と表記）を使用して解説を行っています。そのため、ご使用のOSやソフトウェアのバージョンによって、画面や操作方法が本書と異なる場合がございます。

●本書は、Windows 10に対応しています。

●本書で解説しているJw_cad以外のソフトウェアの動作環境は、各ソフトウェアのWebサイト、マニュアル、ヘルプなどでご確認ください。なお、本書ではWindows 10でJw_cadバージョン8.25aを使用した環境で動作確認を行っております。これ以外の環境での動作は保証しておりません。

●本書を利用したことによるいかなる損害に対しても、データ提供者（開発元・販売元・作者など）、著作権者、ならびに株式会社エクスナレッジでは、一切の責任を負いかねます。個人の責任においてご使用ください。

●本書に直接関係のない「このようなことがしたい」「このようなときはどうすればよいか」など特定の操作方法や問題解決方法、パソコンやWindowsの基本的な使い方、ご使用の環境固有の設定や機器に関するお問合せは受け付けておりません。本書の説明内容に関するご質問に限り、p.8の「FAX質問シート」にて受け付けております。

以上の注意事項をご承諾いただいたうえで本書をご利用ください。ご承諾いただけずお問合せをいただいても、株式会社エクスナレッジおよび著作権者はご対応いたしかねます。あらかじめご了承ください。

Jw_cadについて

Jw_cadは無料で使用できるフリーソフトです。そのため株式会社エクスナレッジ、著作権者、データの提供者（開発元・販売元）は一切の責任を負いかねます。個人の責任で使用してください。Jw_cadバージョン8.25aは、Vista/7/8.1/10上で動作します。本書の内容についてはWindows 10での動作を確認しており、その操作画面を掲載しています。また、Microsoft社がWindows Vista/7/8.1のサポートを終了しているため、本書はWindows Vista/7/8.1での使用は保証しておりません。ご了承ください。

◉ Jw_cadバージョン8.25aの動作環境
Jw_cadバージョン8.25aは、以下のパソコン環境で正常に動作します。
OS（基本ソフト）：上記に記載／内部メモリ容量：64MB以上／ハードディスクの使用時空き容量：5MB以上
モニター解像度：800×600以上／マウス：2ボタンタイプ（ホイールボタン付き3ボタンタイプを推奨）

カバー・本文デザイン：坂内 正景／本文制作協力：鈴木健二（中央編集舎）
Special Thanks：清水 治郎＋田中 善文／印刷所：シナノ書籍印刷

はじめに

　長年にわたり工業高校建築科および専門学校建築学科の教師として、設計製図の授業や部活動（建築研究部）で、設計図から模型を制作するまでの指導をしてきました。

　特に部活動では少人数ということもあって、「Jw_cad」（Windows用の2次元CADソフト。フリーウェア）で作図した図面から模型の型紙をつくる方法をしっかり教えた結果、生徒は、短時間で、それも正確に模型をつくることができるようになりました。

　しかし、専門学校での設計製図の授業課題で模型制作をさせたところ、ほとんどの学生がそのノウハウを知らなかったため、提出された模型は目も当てられないものでした。そのときは、CAD授業を担当していなかったことと、専門学校の授業で使用していたCADソフトがJw_cadではなかったこともあり、そのノウハウを伝えることができませんでした。

　現在も、設計製図の授業の範囲で模型の型紙づくりの方法を試行錯誤しながら教えていましたが、残念ながら、伝え切れていないのが現状です。

　よって、建築を学ぶ高校生・専門学校生・大学生だけでなく、これから建築模型を制作しようとするすべての人に、Jw_cadを使用してかんたんに模型がつくれる入門テキストが必要と考え、本書を執筆しました。

　ただし、本書で紹介する内容は、プロがつくる本格的な模型ではなく、短時間で誰でもかんたんにつくることができ、充分、相手にその内容が伝わる模型になるようにしています。本書の模型は、専門学校勤務時代に担任をしていた学生につくってもらっています（写真は作業風景）。

　「1章　模型制作の準備」では、建築模型の種類・目的・役割・本書で制作する模型のポイント・Jw_cadのインストールや使用準備などについて説明します。

　「2章［初級編］木造平家建住宅（縮尺1/100）の模型をつくる」では、あらかじめJw_cadで作図した「木造平家建住宅」の縮尺1/100の図面を元に、模型に必要な型紙の作り方を説明し、模型を制作する過程を説明します。

　3章の「［初級編］RC造2階建事務所（縮尺1/100）の模型をつくる」では、あらかじめJw_cadで作図した「RC造2階建事務所」の図面を元に、模型に必要な型紙の作り方と模型を制作する過程を説明します。

　4章の「［中級編］木造2階建住宅（縮尺1/50）の模型をつくる」では、2章でつくった木造平家建住宅の模型制作手順を参照しながら、木造2階建住宅（縮尺1/50）の模型をつくります。まず、あらかじめJw_cadで作図した「木造2階建住宅」（縮尺1/100）の図面を元に、模型に必要な型紙をつくります。その後、型紙を縮尺1/50に変換して、縮尺1/50の模型をつくります。

　本書の内容を理解し、建築模型制作の要領を覚えることで、Jw_cadによるCAD作図力が向上するだけでなく、建築模型の制作の楽しさを知っていただけると幸いです。また、本書をきっかけとして、一人でも多くの方に建築を好きになっていただけることを祈ります。

　最後になりましたが、本書の模型をつくってくれた当時日本工学院八王子専門学校建築学科学生の岸本智裕君、村山瀬那君、佐藤真心君、佐川浩眸君に深く感謝申し上げます。

2023年1月　櫻井良明

CONTENTS

1章 模型制作の準備

2章 ［初級編］木造平家建住宅（縮尺1/100）の模型をつくる

3章 ［初級編］RC造2階建事務所（縮尺1/100）の 模型をつくる

4章

[中級編] 木造2階建住宅（縮尺1/50）の 模型をつくる

付録CDについて

本書の付録CDには、以下に示すデータを収録しています。

「Jw_cad」フォルダ
└────「jww825a.exe」（または「jww825a」）：Jw_cadバージョン8.25aのインストーラ（本書で使用）

「図面データ」フォルダ
├────「RC造2階建事務所図面.jww」　　：RC造2階建事務所図面データ
├────「木造2階建住宅図面.jww」　　　：木造2階建住宅図面データ
└────「木造平家建住宅図面.jww」　　　：木造平家建住宅図面データ

「模型型紙データ」フォルダ
├────「第2章」フォルダ　　　：2章で利用できるjww図面ファイルおよび参照用PDFファイル
├────「第3章」フォルダ　　　：3章で利用できるjww図面ファイルおよび参照用PDFファイル
├────「第4章」フォルダ　　　：4章で利用できるjww図面ファイルおよび参照用PDFファイル
│
├────「50分の1_椅子・テーブル.jww」　　：50分の1の椅子・テーブルの型紙図面データ
├────「50分の1_自動車・人型紙.jww」　　：50分の1の自動車・人の型紙図面データ
└────「100分の1_自動車・人型紙.jww」　：100分の1の自動車・人の型紙図面データ

「図面データ」フォルダや「模型型紙データ」フォルダに収録したファイルは、使用するパソコンのハードディスクに、フォルダごとコピーしてから利用してください。コピー先は、p.17でJw_cadをインストールした「jww」フォルダにするのが便利です。本書では必要ファイルを直接付録CDから開いていますが、かき変えたファイルをそのまま付録CDに保存することはできません。その場合は保存先を変えます（→p28）。

「模型型紙データ」フォルダの「第2章」「第3章」「第4章」フォルダに収録したファイルは、その時点までに模型の型紙をかき終えた内容のファイルです。誌面には、以下のようなマークを記載しています。

🄲🄳 CH02−18.jww

この場合は、「模型型紙データ」フォルダの「第2章」フォルダに、jww図面ファイル「CH02−18.jww」が収録されていることを示します。必要に応じて開き、参照・利用してください。なお、ファイルを開いたときには用紙枠にかいてある内容が表示されます。その時点にかき上がった内容は用紙枠外にあるので、適宜画面を移動、縮小して確認してください。

お使いのパソコン環境によっては、それらのファイルを開いた時に、文字が変換されたりずれたりする場合があります。その場合は、フォントの変更やテキスト位置の修正を行って調整してください。

送付先 FAX 番号 ▶ 03-3403-0582　メールアドレス ▶ info@xknowledge.co.jp
インターネットからのお問合せ ▶ https://www.xknowledge.co.jp/contact/book/

FAX質問シート
Jw_cad でかんたんにつくれる建築模型

p.2の「本書をご購入・ご利用になる前に必ずお読みください」と以下を必ずお読みになり、ご了承いただいた
場合のみご質問をお送りください。

● 「本書の手順通り操作したが記載されているような結果にならない」といった本書記事に直接関係のある質問のみご回答いたします。「このようなことがしたい」「このようなときはどうすればよいか」など特定のユーザー向けの操作方法や問題解決方法については受け付けておりません。
● 本質問シートで、FAX またはメールにてお送りいただいた質問のみ受け付けております。お電話による質問はお受けできません。
● 本質問シートはコピーしてお使いください。また、必要事項に記入漏れがある場合はご回答できない場合がございます。
● メールの場合は、書名と当質問シートの項目を必ずご入力のうえ、送信してください。
● ご質問の内容によってはご回答できない場合や日数を要する場合がございます。
● パソコンや OS そのもの、ご使用の機器や環境についての操作方法・トラブルなどの質問は受け付けておりません。

ふりがな

氏　名　　　　　　　　　　　　　　　　　　　　　　　　　　　年齢　　　　　歳

回答送付先（FAX またはメールのいずれかに○印を付け、FAX 番号またはメールアドレスをご記入ください）

FAX　・　メール

※送付先ははっきりとわかりやすくご記入ください。判読できない場合はご回答いたしかねます。電話による回答はいたしておりません。

ご質問の内容　　※ 例）60 ページの手順 6 までは操作できるが、手順 6 の結果が別紙画面のようになって解決しない。

本書　　　　　　　　ページ　～　　　　　　　　ページ

ご使用の Jw_cad のバージョン　　※ 例）Jw_cad 8.10b（　　　　　　　　　　　　　　　　　）

ご使用の OS のバージョン（以下の中から該当するものに○印を付けてください）

　　Windows 11　　　　　10　　　　8.1　　　　その他（　　　　　　　　　　　　　　）

1章
模型制作の準備

この章では、建築模型について、種類、役割を解説します。さらに本書で使用するソフトJw_cadについて、インストールの方法、基本的な設定などについても解説します。

1.1 建築模型について

建築模型と聞いてどんなものをイメージするでしょうか？ 建築模型にはいくつか種類があります。ここでは、「目的による分類」と「確認箇所による分類」に分けて解説します。

1.1.1 建築模型 目的による分類

模型をつくる目的は、おもに3つに分けられます。

1 模型制作のプロなどがつくる完成模型

公共施設のエントランスロビーなどで見かける模型です。

建物全体の様子を知ってもらうために、本物そっくりにつくられています。長期間の展示にも耐えられるよう、プラスチック系の材料などを使い、コストと時間をかけてつくられているものが多くあります。

隈研吾氏が設計デザインに関わった「国立競技場」コンペの模型
（撮影：筆者）

2 スタディ模型

別名「ボリューム模型」「検討模型」などと言われる模型です。

設計の初期段階において、図面と実際の建物では、空間のイメージが異なることも多く、十分に思えた空間が狭すぎたり、全体のバランスがおかしいという問題も起こってしまいます。それを防ぐのがスタディ模型の役割です。素早くつくれるように、加工しやすいダンボール、ボール紙やスチレンボードなどが用いられることが多いです。

写真の幼稚園の事例では、発泡スチロールとバルサ材が使われています。

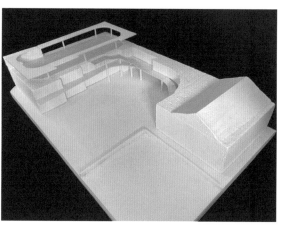

幼稚園のスタディ模型（写真提供：村山隆司氏）

3 プレゼンテーション模型

顧客（施主）との打ち合わせやコンペなどで、設計内容を確認するためにつくることが多い模型です。おもにスチレンボードという紙系の材料でつくられます。

これは設計者自身がつくったり、事務所のスタッフがつくったりと、いわば自前のものです。打ち合わせに使うことが多いので、目的に合わせて材料や色の着け方も変わってきます。形だけを理解するために、白い模型にしたり、内部の様子がわかるように家具までつくり込んだり、屋根の一部を切り取った状態でつくったりと、さまざまです。

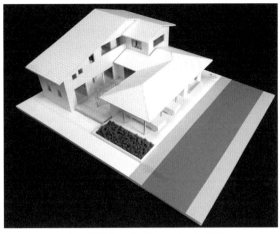

4章で作図するプレゼンテーション模型

1.1.2 建築模型 確認箇所による分類

確認したい箇所によって模型の表現が変わります。おもに次の4つに分けられます。

1 外観模型

建築物の外観を確認できる模型です。

屋根を外したり、開口部を開けて内部を同時に見せる場合もあります。模型の縮尺は建築物の規模にもよりますが、1/50〜1/200くらいが一般的です。

外観模型

2 インテリア模型

おもに内部構造、内装、家具のレイアウトなどを確認できる模型です。

見やすいように屋根や壁を省いたり、外せるようになっていることがあります。模型の縮尺は家具など細かい表現が必要なので1/10〜1/30くらいが一般的です。

料亭なか安シェアハウスコンペ最優秀賞受賞作品
（日本工学院八王子専門学校建築学科学生：井上汐里）

3　外構模型

建築物だけでなくその周辺との関係を確認できる模型
です。

道路、植栽、自動車、人、場合によっては隣地建築物
などもレイアウトします。模型の縮尺は建築物の規模
や周辺をどこまで入れるかにもよりますが、1/100〜
1/300くらいが一般的です。

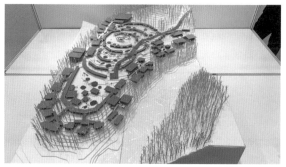

卒業制作優秀作品
（日本工学院八王子専門学校建築学科学生：溝部圭哉）

4　軸組模型

木造建築物の木組みをヒノキ棒などで組み立て、構造
を確認できる模型です。

模型の縮尺はヒノキ棒の大きさにもよりますが、1/20〜
1/50くらいが一般的です。

木造平家建住宅の軸組模型

昨今は、打ち合わせや建築物の説明として、コンピューターグラフィックを使用して外部や内部の様子をかいて
見せていく方法が増えていますが、図面を見るのが苦手な人にも、その建築物のイメージがどういったものであ
るのかをひと目で伝えることができるのが建築模型の最大のメリットです。

本書では、Jw_cadで作図した図面を元に、「1.1.1　建築模型　目的による分類」の「3　プレゼンテーション模
型」の模型制作の方法を学びます。

「1.1.2　建築模型　確認箇所による分類」では「1　外観模型」「2　インテリア模型」「3　外構模型」の簡略
系とします。

1.2　本書で制作する模型

本書では3つの模型を制作します。

第2章、第3章の初級編では縮尺1/100で「木造平家建住宅」と「RC造2階建事務所」、第4章の中級編では縮尺1/50で「木造2階建住宅」を、それぞれ制作します。

初級編ではJw_cadで作図した図面を使用して模型の型紙を制作するまでの過程を解説しているので、中級編ではその方法を参考にして模型の型紙を制作してください。

1.2.1　[初級編] 木造平家建住宅（縮尺1/100）の模型　〈2章〉

ここでは、Jw_cadであらかじめ作図した木造平家建住宅の配置図兼平面図・断面図・立面図・屋根伏図などの図面を利用して、縮尺1/100のプレゼンテーション模型を制作します。

模型を短時間で効率よく制作するためには、あらかじめ、壁・床・屋根などのパーツとなる「型紙」を制作する必要があります。ひと昔前の手書き図面が主だった頃は、印刷した図面を利用して型紙をつくっていましたが、今日のようにCADデータがあるならば、そのデータをうまく利用して型紙をつくるのが効率的な方法です。

この第2章では、図面データを型紙にする過程を基本から解説します。

たとえば、立面図においては屋根に隠れて見えない壁をどう処理するのか、屋根伏図においては実際の屋根の長さをどのように導き出すのかなど、重要なポイントがあります。

また、縮尺1/100の場合、壁厚150は1.5mmになりますが、壁に使用するスチレンボードの既製品に1.5mmがないため2mmを使用します。

このような不一致をどう処理するのかなどの課題は、臨機応変な工夫で乗り越えながら、実際にスチレンボードでパーツをつくり、組み立てる方法も解説します。

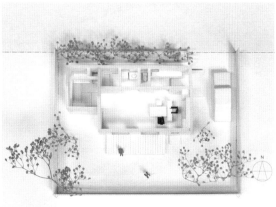

[初級編]木造平家建住宅（縮尺1/100）

1.2.2　[初級編] RC造2階建事務所 (縮尺1/100) の模型　〈3章〉

ここでは、Jw_cadであらかじめ作図したRC造2階建事務所の配置図兼平面図・断面図・立面図などの図面を使用して、縮尺1/100のプレゼンテーション模型を制作します。

RC造は、柱・梁・壁の関係の変化によって外壁の見え方が違います。その違いを3枚のスチレンボードで表現する方法を中心に解説します。

[初級編]RC造2階建事務所(縮尺1/100)

1.2.3　[中級編] 木造2階建住宅 (縮尺1/50) の模型　〈4章〉

ここでは、Jw_cadであらかじめ作図した木造2階建住宅の配置図兼平面図・断面図・立面図・屋根伏図などの図面を使用して、縮尺1/50のプレゼンテーション模型を制作します。

模型の大きさが第2章や第3章で扱うもの2倍になるので、よりリアルな表現が可能になります。したがって、机や椅子などの家具は1/100より細かい縮尺で制作します。

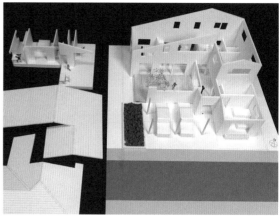

[中級編]木造2階建住宅(縮尺1/50)

1.3 Jw_cad の準備

付録CDに収録したJw_cad（本書執筆時点での最新バージョン8.25a）をWindowsパソコ
ンにインストールします。Jw_cadの起動方法、本書での画面構成例と各部名称を解説します。
Jw_cad作者のWebページ（https://www.jwcad.net/）から最新バージョンのJw_
cadをダウンロードできます。

1.3.1 Jw_cadのインストール

1 付録CDをパソコンに差し込む。

2 Windows付属のエクスプローラ
ーが起動して、デスクトップにウィン
ドウが開くので、「Jw_cad」フォル
ダの中の「jww825a」アイコンを
⟱⟱（左ダブルクリック）して実行
する。

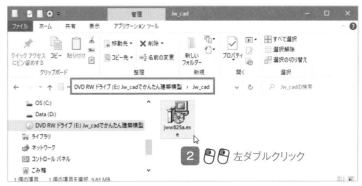

3 ダイアログが切り替わるので、使
用許諾契約書をよく読んで同意
したら、「同意する」を⟱して黒丸
を付け（◉の状態にして）、「次
へ」を⟱。

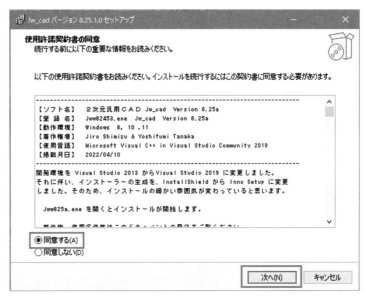

4 ダイアログが切り替わるので、インストール先の「C:¥jww」の表示を確認したら、「次へ」を🖱。

> すでに古いバージョンのJw_cadがインストールされているときは、先にアンインストールします。その際、Jwwフォルダに必要なファイルを保存している場合は、先に別のフォルダに移しておくようにしてください。

5 ダイアログが切り替わるので、スタートメニューへの登録が「Jw_cad」であることを確認したら、「次へ」を🖱。

6 ダイアログが切り替わるので、「デスクトップ上にアイコンを作成する」にチェックを付けたら、「次へ」を🖱。

> 「デスクトップ上にアイコンを作成する」にチェックを付けることで、自動的にデスクトップにアイコンが作成されます。チェックを付けずにインストールした場合やアイコンを削除してしまった場合はp.18の方法で作成します。

7 ダイアログが切り替わるので、画面を確認したら「インストール」を🖱。

アクション選択のメッセージが表示されたら、「読み取り専用属性を解除してもう一度やりなおす」を🖱してください。このメッセージは、すでにJw_cadがインストールしてある状態で上書インストールした場合に表示されます。

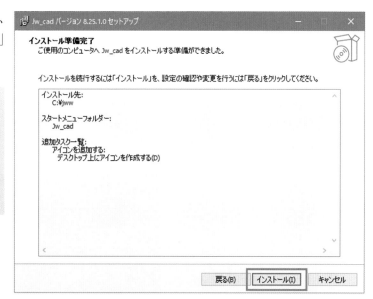

8 インストールが完了するとダイアログが切り替わるので、「完了」を🖱。

9 「C:」ドライブに「jww」フォルダがインストールされたことを確認する。

「C:」ドライブという名称は、パソコン機種やWindowsバージョンにしたがって異なります。

インストール時に「デスクトップ上にアイコンを作成する」にチェックを付けていれば、ショートカットアイコンは自動的に作成されます（→p16）。チェックを付けずにインストールした場合や誤ってショートカットアイコンを削除してしまった場合は、以下のように作成します。

1 画面左下隅のスタートボタンを🖱して開くスタートメニューに「Jw_cad」があるので、これを🖱（右）。

> スタートメニューの「jw_cad」を🖱すると、Jw_cadが起動します。

2 メニューが開くので、「その他」を🖱し（マウスポインタを合わせても可）、開くメニューで「ファイルの場所を開く」を🖱。

3 「Jw_cad」ウィンドウが開くので、「jw_cad」アイコンを🖱（右）し、開くメニューの「送る」を🖱し（マウスポインタを合わせるだけでもよい）、開くメニューの「デスクトップ（ショートカットを作成）」を🖱。

4 デスクトップにJw_cad起動用のショートカットアイコンがつくられたことを確認し、アイコンを🖱🖱。

5　Jw_cadが起動して、新規の図面
ファイル「無題」（「無題.jww」）
が開く。

6　「Jw_cad」ウィンドウはもう使わ
ないので、右上隅の「×」（閉じる）
ボタンを🖱して「Jw_cad」ウィンド
ウを閉じる。

1.3.3　**ツールバーの追加、
Jw_cadの終了（図面ファイルを閉じる）**

ここでは、Jw_cadのツールバーの追加方法を解説します。必須条件ではありませんが、「進む」「戻
る」コマンドなどを追加しておくと操作が便利になります。最後に、Jw_cadを終了します。

1　Jw_cadを起動し、「表示」メニュ
ーを🖱し、「Direct2D（2）」コマ
ンドを🖱してチェックを外す。

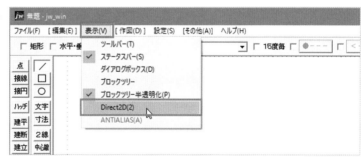

2　再度「表示」メニューを🖱し、
「Direct2D（2）」コマンドのチェッ
クが外れていることを確認し、「表
示」メニューの「ツールバー」コ
マンドを🖱。

19

3 「ツールバーの表示」ダイアログが開くので、「初期状態に戻す」を🖱してチェックを付ける。

4 「ユーザー(1)」を🖱してチェックを付ける。

5 「OK」を🖱。

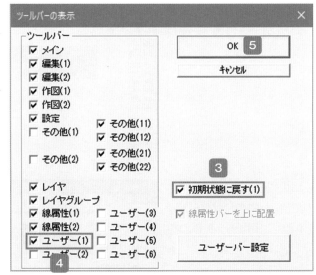

6 作図ウィンドウに「ユーザー(1)」ツールバーが追加表示することを確認する。

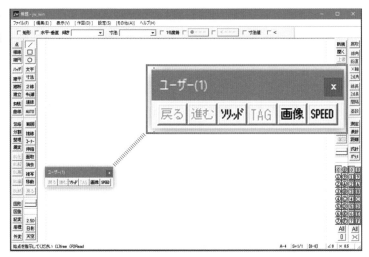

このままではこのツールバーが作図の邪魔になるので、コントロールバー右端部に移動します。

7 「ユーザー(1)」ツールバーのタイトルバー部でマウスの左ボタンを押し、そのまま移動(左ボタンドラッグ)して、図の位置付近でボタンをはなす。

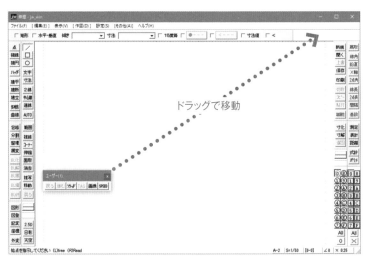

ツールバーの追加表示設定は完了です。本書に掲載した画面のツールバーはこの状態になっています。

ツールバーは、変更や初期化が自由にできます。

下図に、これまで設定したJw_cadの画面構成例を示します。
画面右上隅にある「×」(閉じる)ボタンを🖱すると、図面ファイルが閉じ、同時にJw_cadが終了します。

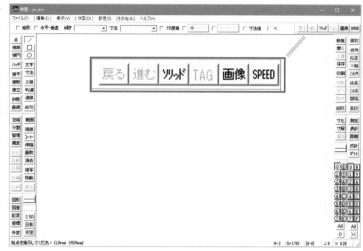

タイトルバー：図面ファイルの名前

閉じるボタン：図面ファイルを閉じ、Jw_cadを終了

メニューバー：全コマンドを7メニューに分類

コントロールバー：実行中コマンドの詳細機能設定

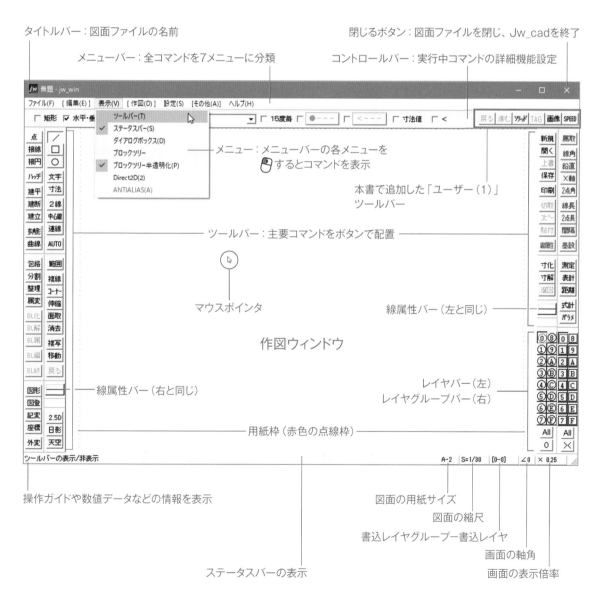

メニュー：メニューバーの各メニューを🖱するとコマンドを表示

本書で追加した「ユーザー(1)」ツールバー

ツールバー：主要コマンドをボタンで配置

マウスポインタ

線属性バー(左と同じ)

線属性バー(右と同じ)

作図ウィンドウ

レイヤバー(左)
レイヤグループバー(右)

用紙枠(赤色の点線枠)

操作ガイドや数値データなどの情報を表示

図面の用紙サイズ

図面の縮尺

書込レイヤグループー書込レイヤ

画面の軸角

ステータスバーの表示

画面の表示倍率

本書でJw_cadを使うための基本設定の変更

本書の内容に沿って作図するために、Jw_cadの機能や動作のいくつかについて、作図開始前に基本設定を変更しておく必要があります。ここで、それらの設定を行います。Jw_cadの作図環境の設定のほとんどは、「jw_win」ダイアログの8つのタブで行えます。設定した内容はその図面ファイルに保存されるので、図面ファイルごとに作図環境を維持できます。

本書では、「jw_win」ダイアログの「一般（1）」「一般（2）」「色・画面」タブで、以下のように設定してください。指定以外の項目は、Jw_cadインストール時の初期設定のままにしておきます。

1 メニューバー「設定」を🖱し、開くメニューから「基本設定」コマンドを🖱（または右端のツールバーの「基設」を🖱）。

2 基本設定を行う「Jw_win」ダイアログが開くので、3つのタブ「一般（1）」「一般（2）」「色・画面」を順次開き（切り替え）、赤枠で囲んだ項目を、図と同じ設定にする。

まず、「一般（1）」タブの5項目を設定する。

・[読取り点に仮点表示]にチェックを付ける。

・[消去部分を再表示する]にチェックを付ける。

・[ファイル読込項目]の3項目にチェックが入っていない場合はチェックを付ける。

・[用紙枠を表示する]にチェックを付ける。

・[新規ファイルのときレイヤ名…]にチェックを付ける。

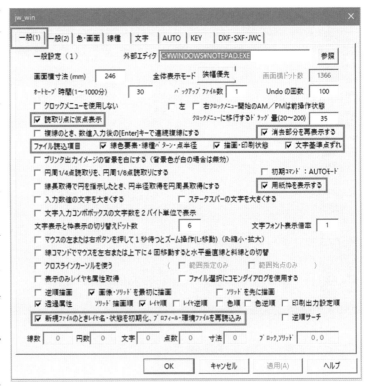

3 次に、「一般(2)」タブの2項目
を設定する。

- ・[矢印キーで画面移動、
  PageUp…]にチェックを付
  ける。
- ・[マウスホイール]の[+]にチ
  ェックを付ける。

[マウスホイール]にチェックを付ける
とマウスホイールの操作で画面の拡
大や縮小ができるようになりますが、
必要に応じてチェックすればよいで
す。チェックを付けなくても、本書で
の学習に支障はありません。

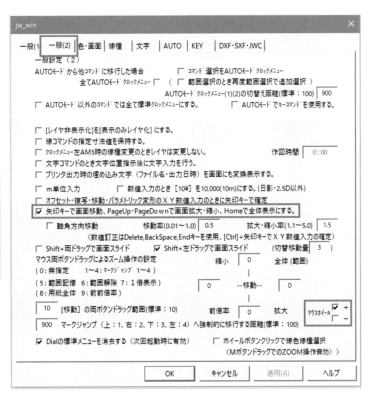

4 最後に、「色・画面」タブの1項
目を設定する。

- ・[実点を指定半径(mm)でプ
  リンタ出力]にチェックを付け
  る。

5 設定を終えたら、「OK」を◻し
てダイアログを閉じる。

6 この図面ファイルを一度保存す
る。

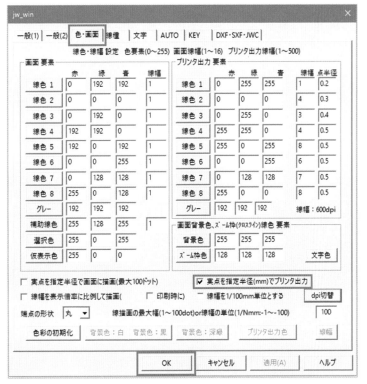

1.3.5　作図ウィンドウのグリッド（目盛点）表示とマウス両ボタン操作

作図ウィンドウに作図時のガイドとなるグリッド（等間隔の格子位置を示す読取可能な目盛点）を表示します。グリッドがなくても作図はできますが、便利なので本書では利用します。

1 メニューバー「設定」を🖱し、開く「軸角・目盛・オフセット」コマンドを🖱（またはステータスバーの軸角ボタンを🖱）。

2 「軸角・目盛・オフセット　設定」ダイアログが開くので、「目盛間隔（図寸mm）」ボックス右の▾を🖱し、開くメニューから「9.1，9.1」を🖱して設定する。

> ここを「（無指定）」に設定すると、グリッドが非表示となります。

3 次に、「表示最小間隔（5〜100ドット）」下の「1/2」にチェックを付ける。これで、作図ウィンドウに下図の黒色と水色のグリッドが表示される。黒が910mm間隔、水色が455mm間隔となる。なお、画面の表示倍率が小さいとグリッドは物理的に見えない。見えるようにするためには、画面を適宜拡大する。

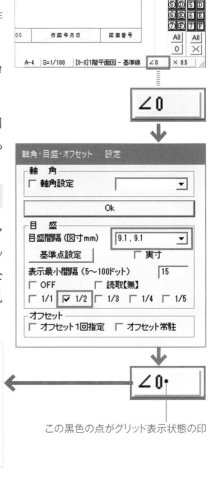

この黒色の点がグリッド表示状態の印

455
455
910
910

2 種類のグリッド

［マウス両ボタン操作］

本書では用紙枠の枠外に模型用の型紙を制作します。そのときに画面上で拡大・縮小、移動、全体表示などを何度も繰り返します。とくに画面の移動は、参照用の「模型型紙データ」を読み込んだ後に、型紙がかいてある場所を探すのによく使います。Jw_cadでの画面の拡大・縮小、移動、前倍率、全体表示は、マウスの両ボタンを使った操作で行います。

拡大：マウスの両ボタンを押したまま右下方向にドラッグする（「拡大」と表示される）。範囲指定の矩形が表示されるので、拡大したいところを囲んでボタンを離すと、その範囲が画面全体に表示される。

縮小：マウスの両ボタンを押したまま左上方向にドラッグする（「縮小」と表示される）。ボタンを離すと画面が1/2に縮小表示される。

移動：マウスの両ボタンでクリックする（「移動」と表示）。クリックした位置が画面中央となるように移動する。

全体表示：マウスの両ボタンを押したまま右上方向にドラッグする（「全体」と表示される）。ボタンを離すと、用紙枠全体が画面に表示される。

前倍率：マウスの両ボタンを押したまま左下方向にドラッグする（「前倍率」と表示される）。ボタンを離すと、直前に表示されていた倍率の画面に戻る。

※ 拡大・縮小はp23の 3 でチェックを付けていれば、マウスホイールやPageUp、PageDownキーでも行えます。

2章

[初級編]

木造平家建住宅（縮尺 1/100）の模型をつくる

この章では、あらかじめJw_cadで作図した「木造平家建住宅」の図面を基に、模型に必要な型紙をつくります。

配置図兼平面図を使用して敷地と床の型紙用図面を作図

付録CD内のあらかじめJw_cadで作図された「木造平家建住宅図面」を開き、その中の「配置図兼平面図」を使用して、敷地と床の型紙用図面を作図する手順を説明します。

2.1.1 「木造平家建住宅図面.jww」を開く

付録CDに収録されているJw_cad図面を使います。

1 付録CDを開き、「図面データ」フォルダを🖱🖱。

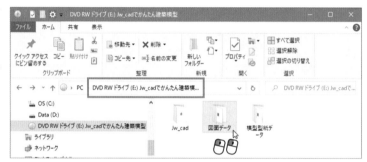

2 「木造平家建住宅図面.jww」を🖱🖱。

Jw_cadが起動して、模型の型紙用図面作図の元となる図面が開きます。

> 付録CDに収録されている「模型型紙データ」は、最初に、右図のような用紙枠にある図面が表示されます。誌面にある図の状態は、画面表示を拡大・縮小したり、移動したり（→p.24）して確認してください。

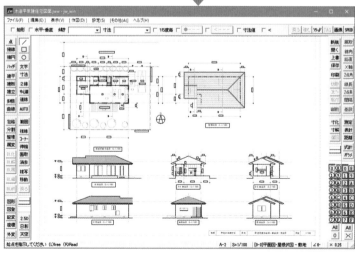

2.1.2 敷地の型紙用図面を作図

数種類の図面の中で、「配置図兼平面図」を活用して、敷地の型紙用図面を作図します。最初に「配置図兼平面図（S=1/100）」だけが画面に見えるようにします。

1 レイヤバーで、書込レイヤ⓪を🖱(右)する。

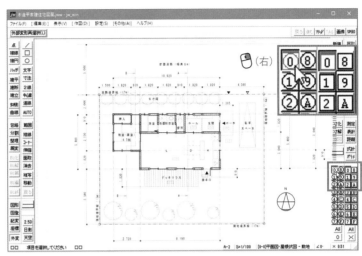

2 「レイヤ一覧」ウィンドウが開くので、レイヤグループ⓪ が要素別にレイヤ分けで作図されていることを確認する
「(1)基準線」「(8)寸法」「(9)文字」「(A)切断線」「(B)植栽・車」レイヤは敷地の型紙用図面に不要なレイヤであることを確認したら、右上隅の「×」（閉じる）ボタンを🖱して「レイヤ一覧」ウィンドウを閉じる。

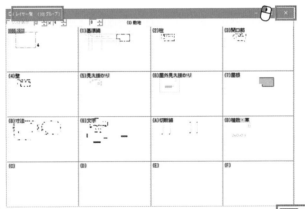

3 レイヤバーで、レイヤボタンの①⑧⑨ⒶⒷを順次1回ずつ🖱してそれぞれのボタン番号を非表示レイヤに切り替えると、対応する図面データが画面から消える（非表示レイヤになる）。

敷地の型紙用図面に必要な要素だけが画面表示されます。

> レイヤを分けることで不要な要素を一時的に非表示レイヤにできるので、模型の型紙用図面の作図時に便利です。

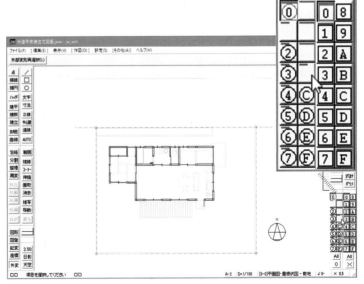

🔘CH02-01.jww

4 ここで、付録CDから開いた「木造平家建住宅図面.jww」をパソコンの任意の場所に名前を変えて保存するので、ツールバー「保存」コマンドを🖱。

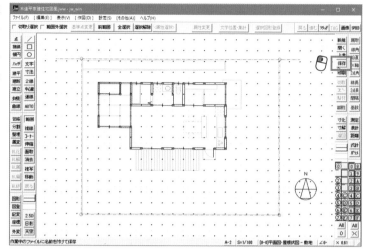

5 「ファイル選択」ダイアログが開くので、保存先として、「c:¥jww」フォルダを選択し、「新規」を🖱。

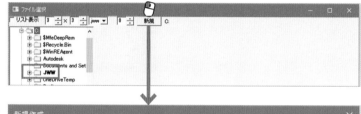

6 「新規作成」ダイアログが開くので、「名前:」に「木造平家建住宅図面（模型型紙）」と入力して、「OK」を🖱。

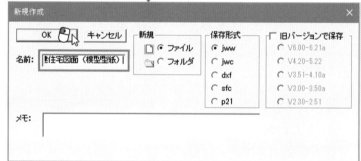

7 左上のタイトルバーが「木造平家建住宅図面（模型型紙）」に切り替わることを確認する。

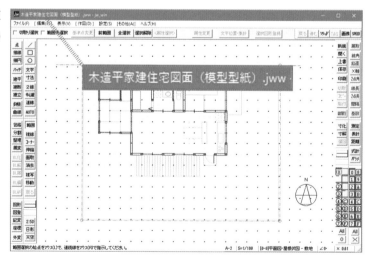

2.1.3 　敷地の型紙用図面と床の型紙用図面を複写

敷地の型紙用図面は元の図面の原形を残して、別の場所に複写します。

1 ツールバー「複写」コマンドを🖱して、敷地を矩形範囲選択する。

2 コントロールバー「基準点変更」を🖱。

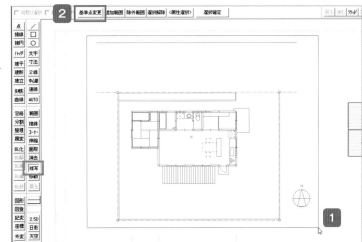

3 図の位置のグリッドを🖱（右）。

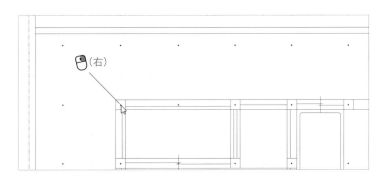

4 コントロールバー「任意方向」を1回🖱して「X方向」に切り替え、図面の左余白部のグリッドを🖱（右）し、敷地部分の型紙用図面だけを平行複写する。

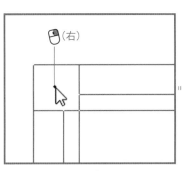

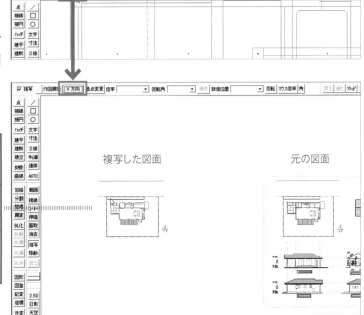

複写した図面　　　　　元の図面

5 適当なコマンド（ここでは「範囲」コマンド）を🖱すると複写した図面が確定するので、操作を終了する。
これで「敷地の型紙用図面」が複写できた。

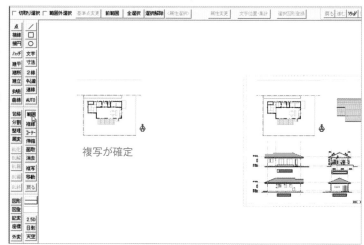

複写が確定

6 複写した「敷地の型紙用図面」の1階平面図の部分を選択し、コントロールバー「基準点変更」を🖱。

7 前ページ**3****4**と同様に操作して「敷地の型紙用図面」の右隣に1階平面図を複写する。
これで、「床の型紙用図面」が複写できた。

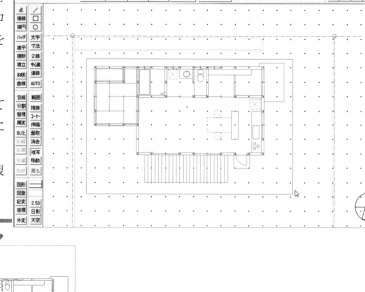

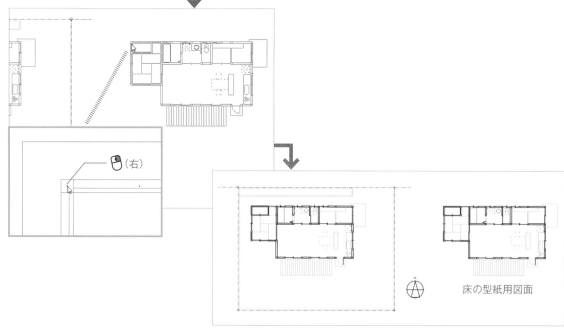

🖱（右）

床の型紙用図面

CH02-02.jww

2.1.4 床の型紙用図面の作図と敷地の型紙用図面の道路塗りつぶし

前項「2.1.3 敷地の型紙用図面と床の型紙用図面を複写」に続けて、「床の型紙用図面」をつくっていきます。

床は、玄関とポーチと室内で高さが異なるので、図のように上段と下段の2種類の型紙をつくります。

まずは、玄関とポーチを含む下段の床を作図します。

模型を制作する場合、外から見たときに見栄えをよくするために、床より壁を勝たせます。そのために、平面図の壁の部分を削る必要があります。

壁に使う材料のスチレンボードは既製品で厚1.5mmがないので、厚2mmを使用します。したがって、ここでは、図面の壁厚1.5mmに対して、0.5mm内側に入るように床の型紙用図面を作図します。

図の赤線が型紙となる線です。

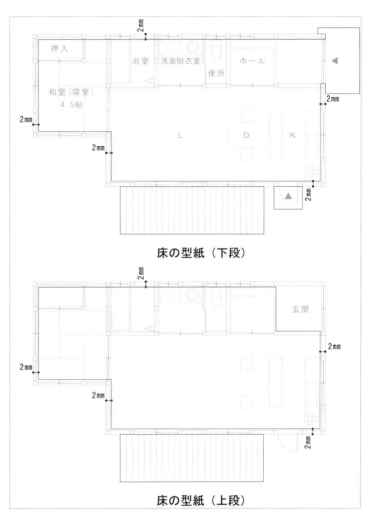

床の型紙（下段）

床の型紙（上段）

2章 ［初級編］ 木造平家建住宅（縮尺 1/100）の模型をつくる

1 線属性バーを🖱して開く「線属性」ダイアログで線色を「線色3」に切り替え、他の線と区別できるようにする。

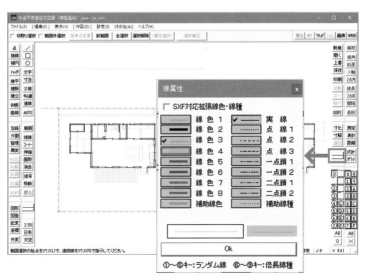

2 「複線」コマンドで、図の外壁の
外側線を🖱し、「200」を入力し、
建物内側で🖱して200mm内側
の線をかく。

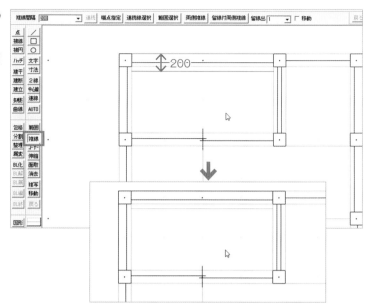

3 同様に、図の外壁の外側の線か
ら200mm内側の線をかく。他の
敷地の角(次ページの下の図b〜
f)も、200mm内側で交差する複
線をかく。

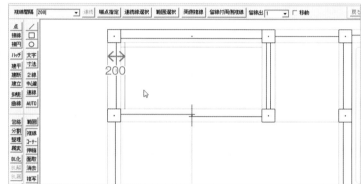

4 「コーナー」コマンドで、作図した
外壁線から200mm内側の線を
順に🖱して角をつくる。
同様に、他の敷地の角（b〜f）も
内側の線の角をつくる。

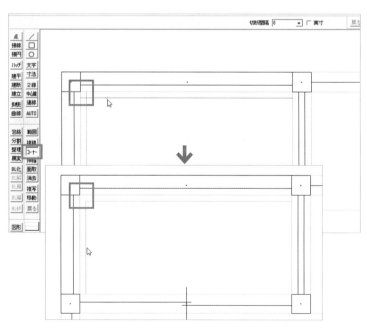

5　「コーナー」コマンドで、外壁線
　　から200mm内側につくった角の
　　線をすべてつなぐ。

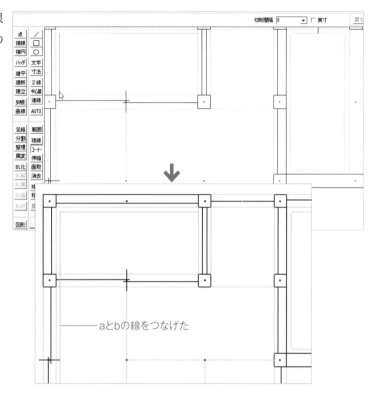

下図が、外壁線から200mm内側にかいた線をつなぎ終わったところです。線色3（緑線）でかいた線の内側
が床の型紙になります。

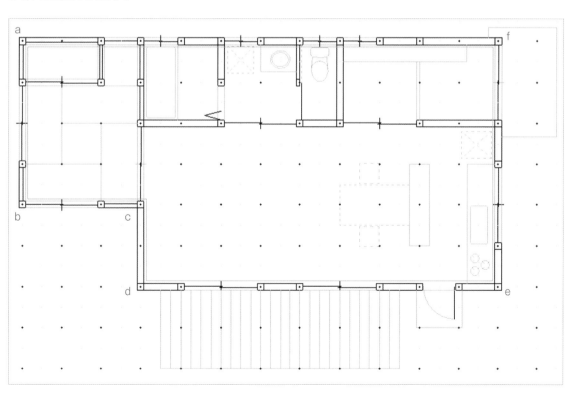

線色3でつないだ線の内側が床の型
紙になりますが、玄関ポーチの部分は
修正が必要です。

6 「伸縮」コマンドで、図の線を🖱
し、図の柱の角を🖱（右）して右
方向に伸ばす。

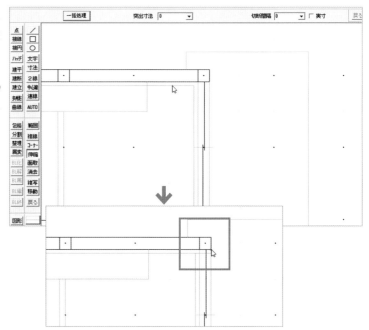

7 同様に、「伸縮」コマンドで、図の
線を下方向に縮める。

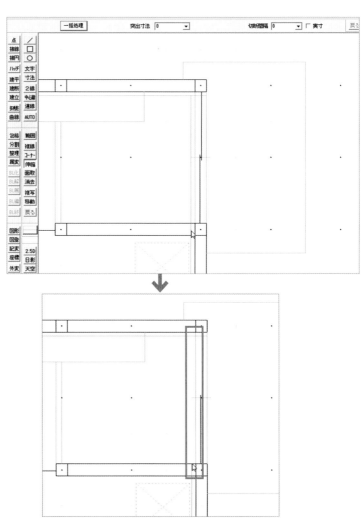

8 「範囲」「消去」「伸縮」コマンドなどで、柱や壁や建具の線を消去する。図は、「範囲」コマンドで西側壁と柱、建具を選択し、「消去」コマンドでまとめて消去した操作例である。

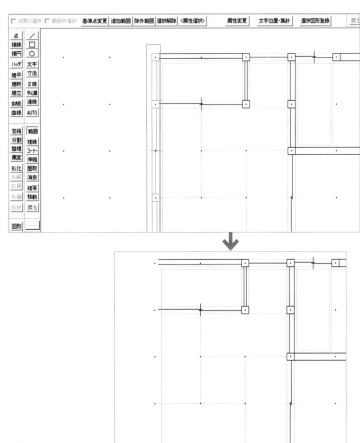

9 同様に、「範囲」コマンドで、図の南側壁と柱・建具を選択し、その下の西側壁と柱をコントロールバー「追加範囲」を使用して追加選択し、「消去」コマンドでまとめて消去する。

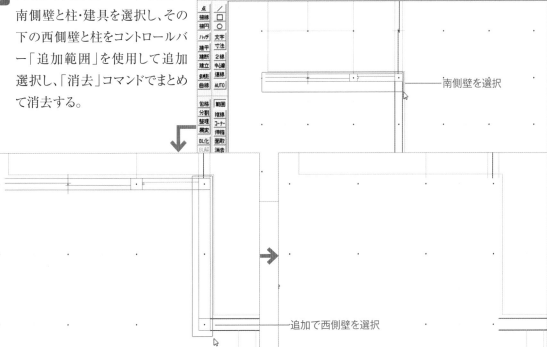

南側壁を選択

追加で西側壁を選択

2章 ［初級編］ 木造平家建住宅〈縮尺1/100〉の模型をつくる

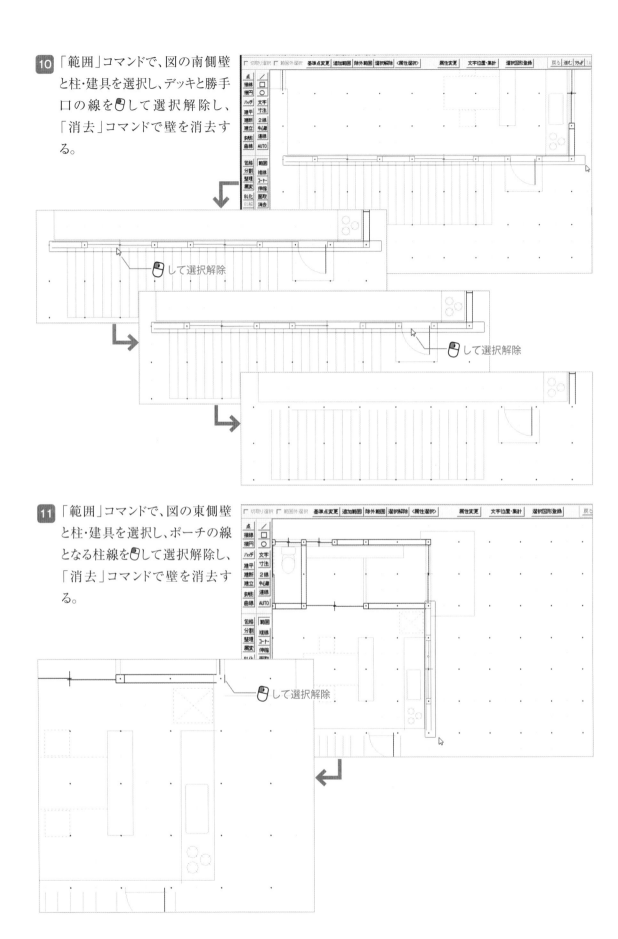

10 「範囲」コマンドで、図の南側壁と柱・建具を選択し、デッキと勝手口の線を🖱して選択解除し、「消去」コマンドで壁を消去する。

🖱して選択解除

🖱して選択解除

11 「範囲」コマンドで、図の東側壁と柱・建具を選択し、ポーチの線となる柱線を🖱して選択解除し、「消去」コマンドで壁を消去する。

🖱して選択解除

12 「コーナー」コマンドで、消去してしまったポーチの部分に角をつくっていく。

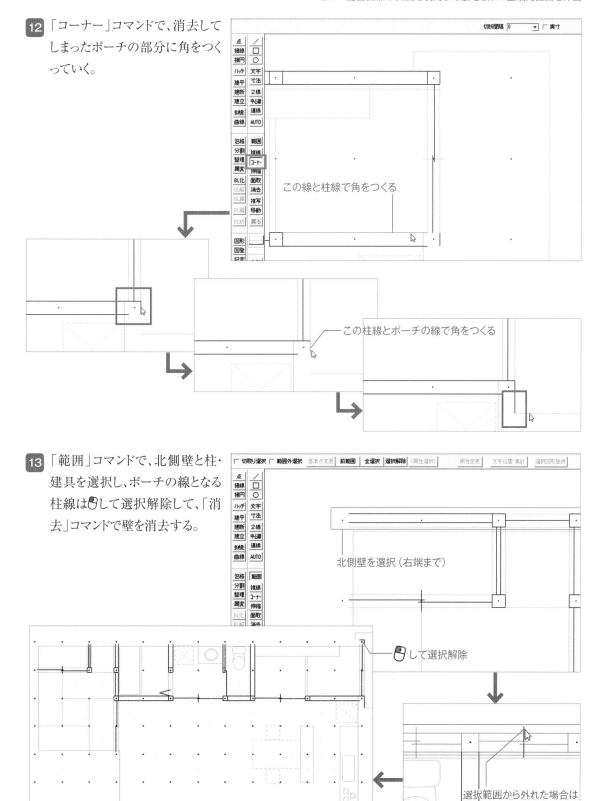

この線と柱線で角をつくる

この柱線とポーチの線で角をつくる

13 「範囲」コマンドで、北側壁と柱・建具を選択し、ポーチの線となる柱線は🖱して選択解除して、「消去」コマンドで壁を消去する。

北側壁を選択 (右端まで)

🖱して選択解除

選択範囲から外れた場合は🖱して追加選択する

14 「コーナー」コマンドで、消えてしまったポーチの部分に角をつくっていく。

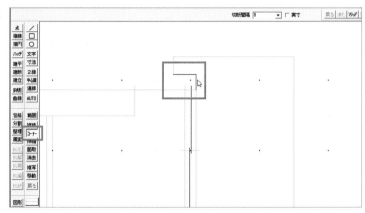

15 「コーナー」コマンドで、消えてしまったデッキと勝手口の線をそれぞれつないで作図する。

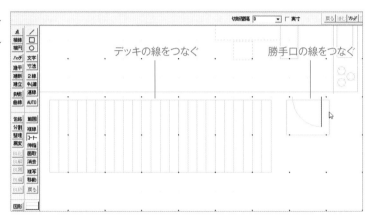

デッキの線をつなぐ　　　勝手口の線をつなぐ

16 「伸縮」コマンドなどで、はみ出した勝手口の線を縮める。

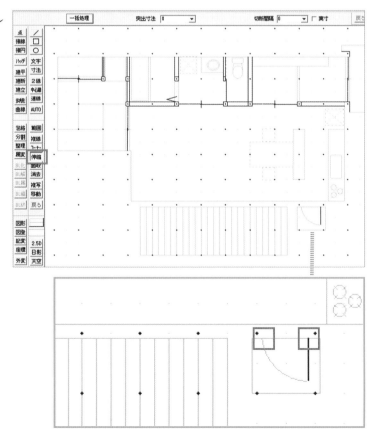

17　「消去」コマンドで、内部の家具や建具の不要な線を消去する。

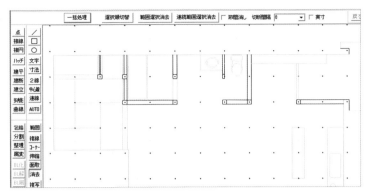

18　「消去」「伸縮」コマンドで、玄関の下駄箱の線が玄関にはみ出さないように消去する。

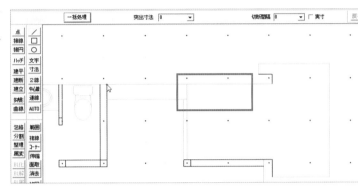

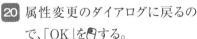
型紙を切るときの精度を上げるために、現在の線色をすべて、一番細い線である「線色1」に切り替えます。

19　「範囲」コマンドですべてを選択し、コントロールバー「属性変更」を🖱し、開くダイアログで「指定【線色】に変更」にチェックを付け、開く「線属性」ダイアログで「線色1」に切り替え「Ok」を🖱する。

20　属性変更のダイアログに戻るので、「OK」を🖱する。

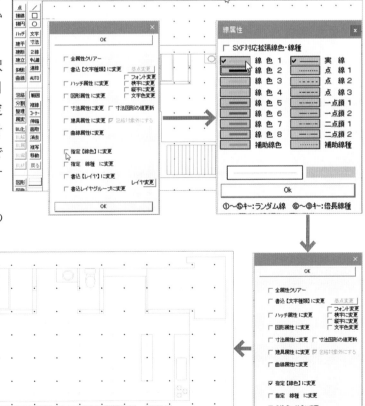

下段の床の型紙用図面が完成したので、これを複写して、上段の床の型紙用図面を作図します。

21 「複写」コマンドで、すべてを選択し、コントロールバー「基準点変更」を🖰し、適当なグリッドを🖰（右）する。下段の床の右側で適当なグリッドを🖰（右）して複写する。

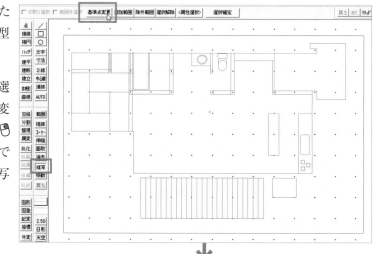

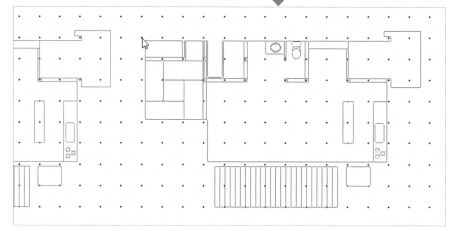

上段の床は、玄関とポーチの部分が不要なので、消去します。

22 「コーナー」「消去」コマンドなどで、玄関とポーチの線を消去する。

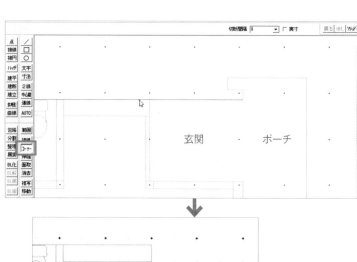

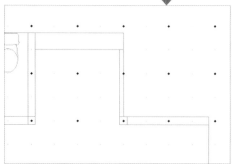

見栄えをよくするため、上段の床の和室の畳を塗りつぶします。

23 「□」コマンドで、コントロールバー「ソリッド」「任意色」の両方にチェックを付けてから、コントロールバー「任意■」を🖱。

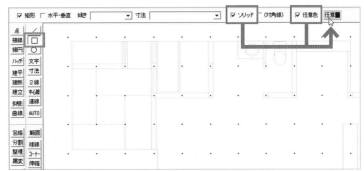

24 開く「色の設定」ダイアログで、畳の色を任意に決めて、「OK」を🖱。

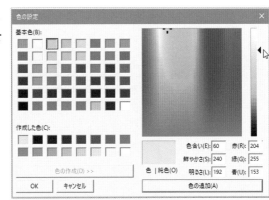

25 和室の左上隅を🖱(右)し、次に右下隅を🖱(右)すると、選択した色が塗られる。

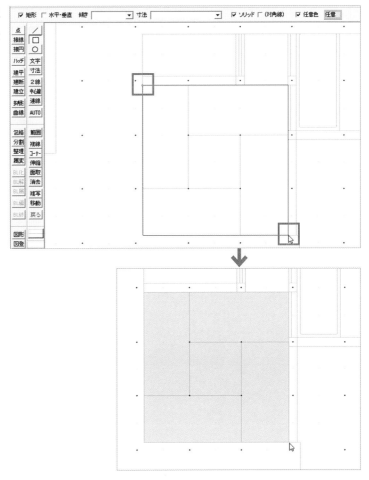

同様に、敷地の型紙用図面の道路を
塗りつぶします。

26 作図ウィンドウに「敷地の型紙用
図面」を表示する。
「□」コマンドが選択されている
ことを確認し、コントロールバー
「任意■」を🖰。

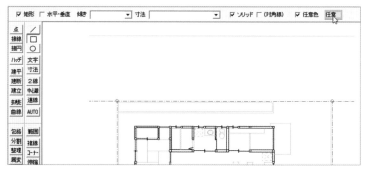

27 開く「色の設定」ダイアログで、
道路の色を任意に決めて「OK」
を🖰。

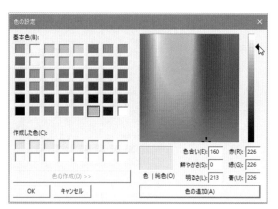

28 道路の左上隅を🖰（右）し、次に
右下隅を🖰（右）すると、選択した
色が塗られる。

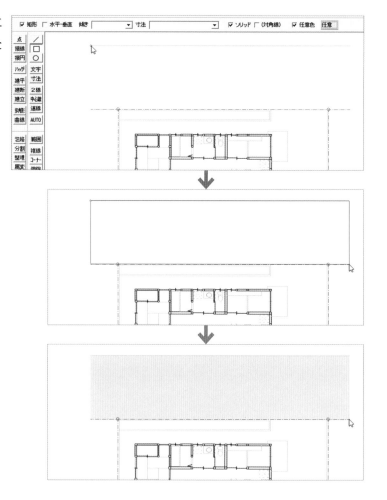

p.39のように、敷地内の平面図の線も、「線色1」に統一します。

[29] [19][20]と同様の手順で作図する。

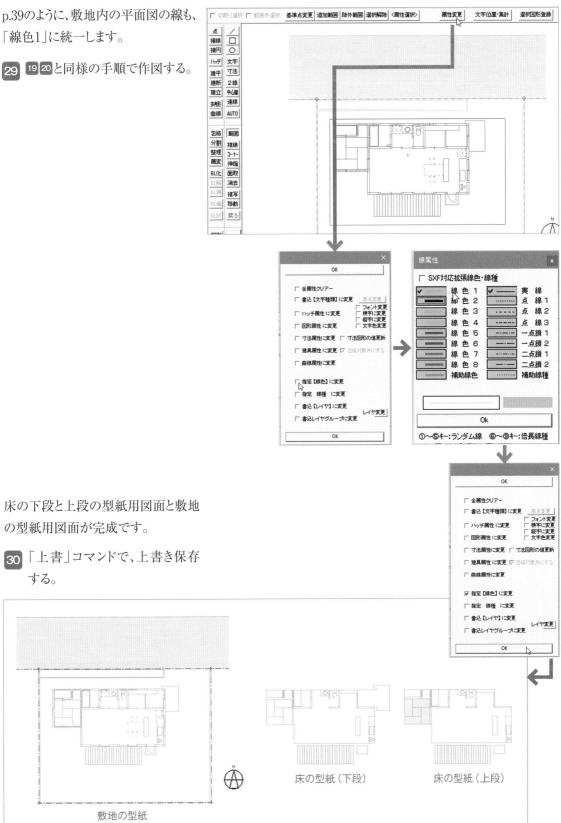

床の下段と上段の型紙用図面と敷地の型紙用図面が完成です。

[30]「上書」コマンドで、上書き保存する。

敷地の型紙

床の型紙（下段）

床の型紙（上段）

CH02−03.jww

立面図・断面図・平面図を使用して壁の型紙用図面を作図

前節2.1に続けて、4種類の立面図と2種類の断面図を使用して外壁の型紙用図面を作図し、平面図を使用して内壁の型紙用図面を作図します。

2.2.1　外壁の型紙用図面を作図

下図で、赤線で囲まれた部分が外壁の型紙用図面になります。

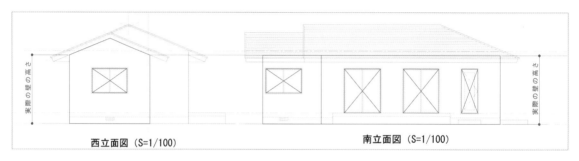

西立面図　（S=1/100）　　　　　南立面図　（S=1/100）

B-B 断面図　（S=1/100）　　　東立面図　（S=1/100）　　　北立面図　（S=1/100）

1　レイヤグループ①を書込レイヤグループに、レイヤ①を書込レイヤに切り替えてから書込レイヤ①を🖱（右）して、「レイヤ一覧（[1]グループ）」ウィンドウを開く。
模型の型紙用図面に「(0)基準線」と「(2)寸法・文字」のレイヤが不要であることを確認する。

2　ウィンドウ右上隅の「×」（閉じる）ボタンを🖱して閉じる。

外壁の型紙用図面は、元の図面の原形を残し、別の場所に複写します。

3　レイヤ①と②をそれぞれ🖱し、非表示レイヤに切り替える。

4　「複写」コマンドで、立面図と断面図をまとめて選択し、コントロールバー「基準点変更」を🖱。

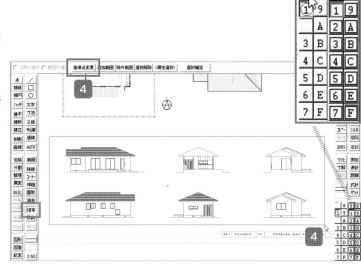

5　適当なグリッドを🖱（右）して複写する図の基準点を決めてから、コントロールバー「任意方向」を1回🖱して「X方向」に切り替え、複写先として適当なグリッド（図ではX（水平）左方向の位置）を🖱（右）して複写する。

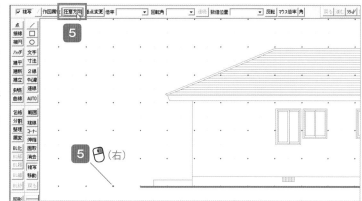

6　適当なコマンド（ここでは「範囲」コマンド）を🖱し、複写操作を終了する。

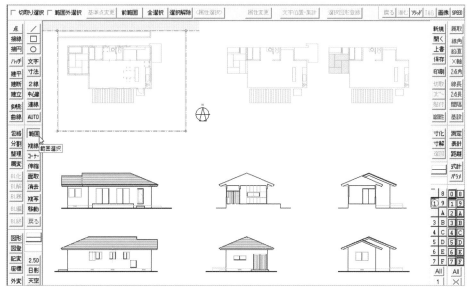

7　「上書」コマンドで、上書き保存する。

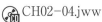　CH02-04.jww

2章　［初級編］　木造平家建住宅〈縮尺 1/100〉の模型をつくる

南側外壁の型紙用図面を作図

南立面図と南立面図の右側にある
A−A断面図を利用して、南側外壁の
型紙用図面を作図します。
南立面図は屋根で壁の上部が隠れ
ているため、A−A断面図を使用して
隠れている部分を追加します。

1 追加線を区別するために、「線属
性」ダイアログで線色を「線色8」
に切り替える。

2 「／」コマンドを2回🖱してコント
ロールバー「水平・垂直」にチェック
を付け、「A−A断面図」の軒天と
壁の交点を🖱(右)し、南立面図
に向かって水平線をかく。
これで、実際の壁が屋根から上
にあることが確認できる。

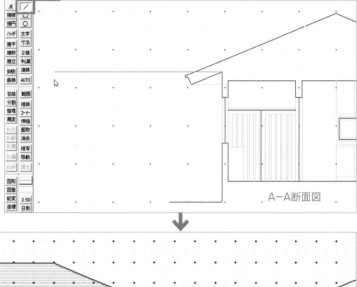

A−A断面図

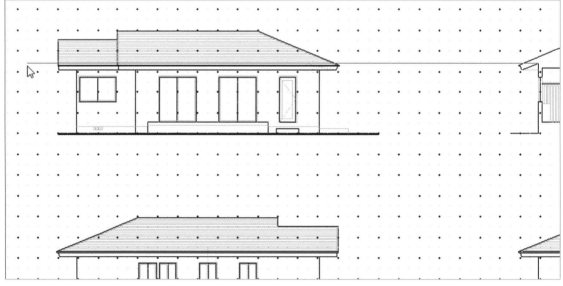

3 「範囲」コマンドで屋根をすべて
選択してから、「消去」コマンドで
屋根をすべて消去する。

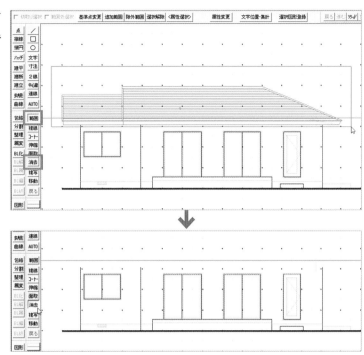

4 「コーナー」コマンドで、水平線と
左端の壁線を🖱して角をつくる。

左端の壁線 ————

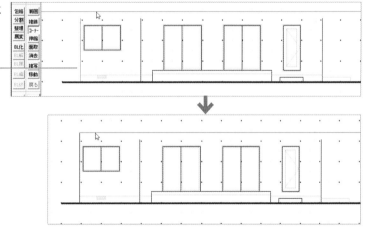

5 同様に、反対側の壁でも角をつく
る。

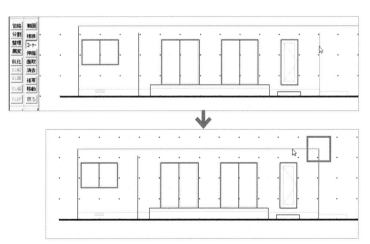

6 「伸縮」コマンドで、図の壁を水平線まで伸ばす。

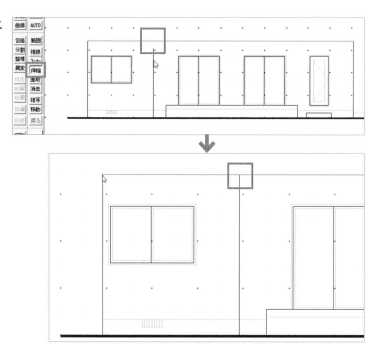

地面（GL）の線が複数本あるので、ここでは、一番上の線だけを残します。

7 「消去」コマンドで順次 🖰（右）して、一番上の線以外をすべて消去する。

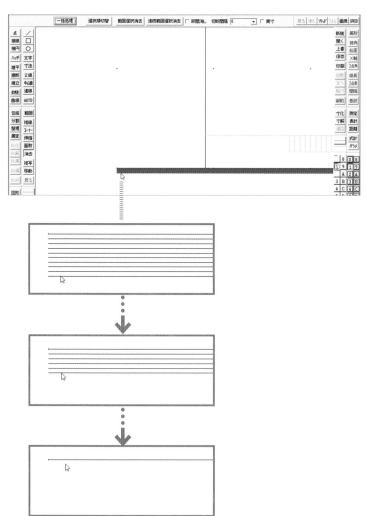

8 「コーナー」コマンドで、地面の
線のはみ出した部分を引っ込め
る。

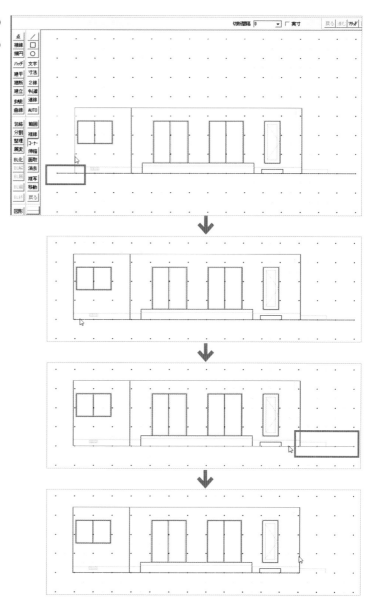

9 「消去」コマンドで、デッキ・勝手
口・ポーチの線を消去する
（結果は次ページ上段の図を参
照）。

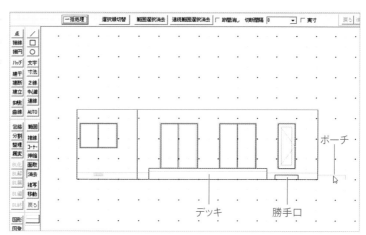

ポーチ

デッキ　　勝手口

2章　[初級編]　木造平家建住宅（縮尺1/100）の模型をつくる

49

10 「伸縮」コマンドで、基礎と壁の境界線を伸ばす。

「上書」コマンドで、上書き保存する。

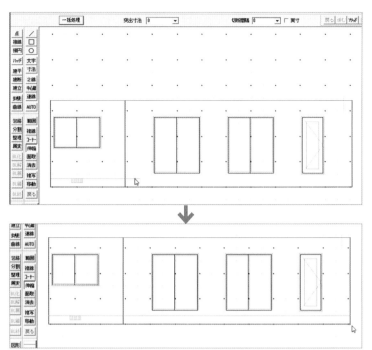

北側外壁の型紙用図面を作図

北立面図と先に作成した南側外壁の型紙用図面を利用して、北側外壁の型紙用図面を作図します。

北立面図は屋根で壁の上部が隠れているので、南側外壁の図を使用して壁の上部を追加します。

1 南側外壁の作図と同様に、「範囲」コマンドで屋根をすべて選択し、「消去」コマンドで屋根をすべて消去する。

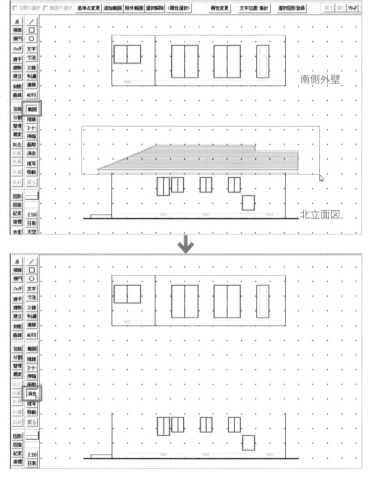

2 南側外壁の型紙用図面を選択してから、「移動」コマンドで、コントロールバー「基準点変更」を🖱し、図のグリッドを🖱(右)。

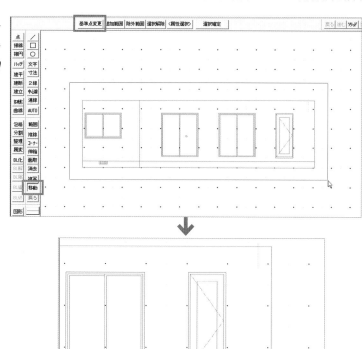

(右)

3 コントロールバー「X方向」を3回🖱して「任意方向」に切り替え、北立面図の地面高さ(GL)と同じ高さ位置になるグリッドを🖱(右)し、北立面図の横に移動する。

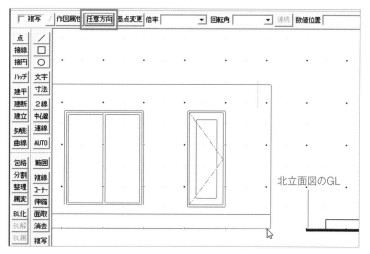

北立面図のGL

4 「／」コマンド(水平・垂直にチェック付き)で、南側外壁の型紙用図面上部の線から北立面図へ水平線をかく。

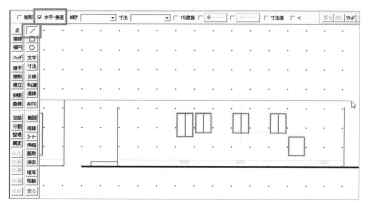

5　「コーナー」コマンドで、水平線と
　　左右の壁をつないで角をつくる。

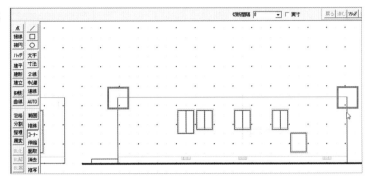

6　以下、南側外壁型紙用図面の作
　　図と同様に、地面まわりの不要な
　　線を消去して整える。

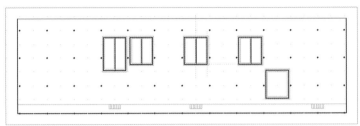

CH02-06.jww

東側外壁の型紙用図面を作図

作成した北側外壁型紙用図面と東
立面図を利用して、東側外壁の型紙
用図面を作図します。

東立面図も屋根で壁の上部が隠れて
いるので、北側外壁の図を使用して
壁の上部を追加します。

1　南側外壁型紙用図面の作図と
　　同様に、「範囲」コマンドで東立
　　面図の屋根をすべて選択し、「消
　　去」コマンドで屋根をすべて消去
　　する。

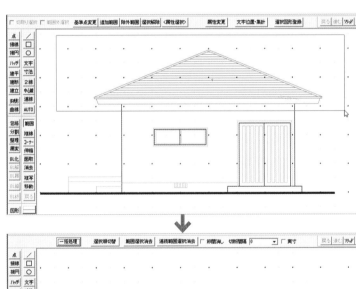

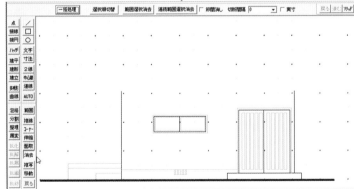

2　「／」コマンド（水平・垂直にチェック付き）で、左側にある北側外壁の型紙用図面上部の線から東立面図へ水平線をかく。

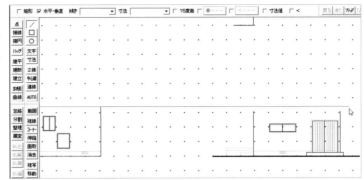

3　「コーナー」コマンドで、水平線と左右の壁をつないで角をつくる。

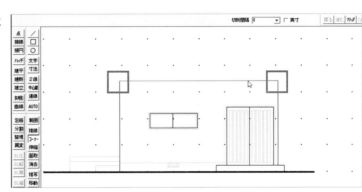

4　以下、南側外壁型紙用図面の作図と同様に、地面まわりの不要な線を消去して整える。

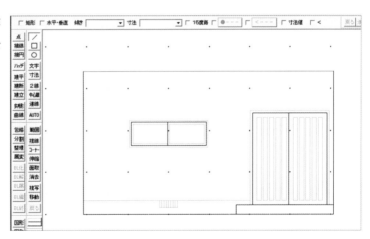

5　玄関戸の下側にある玄関ポーチの線を消去し、玄関戸の左側の線を追加する。

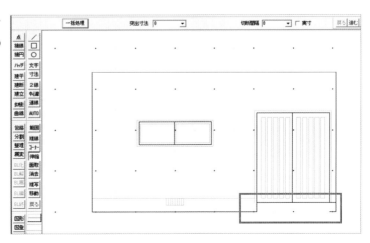

2章
〔初級編〕 木造平家建住宅（縮尺 1/100）の模型をつくる

6 玄関戸の右側は壁で使用する
スチレンボード厚が2mmなので、
「複線」コマンドで右端から200
の複線をかいてから、右下図のよ
うに線を整える。

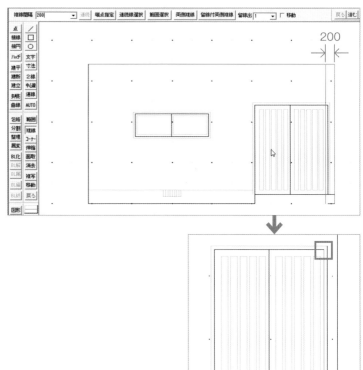

CH02-07.jww

西側手前の外壁型紙用図面を作図

西立面図を利用して、西側左手前の外壁の型紙用図面を作図します。

西立面図は手前と右奥に分かれて壁がありますが、右奥の壁はB−B断面図を利用することにします。手前の壁は屋根で壁が隠れることがないために、屋根の部分と右奥の壁と地面付近を消去して型紙用図面になります。

1 「消去」「伸縮」「コーナー」コマ
ンドで、西立面図の手前の壁だ
けを残す。

西立面図

CH02-08.jww

西側奥の外壁型紙用図面を作図

B-B断面図を利用して、右奥の西側外壁型紙用図面を作図します。この壁は内壁にもつながっているので、内壁を含めて型紙とします。

1 「消去」「伸縮」「コーナー」コマンドで、B-B断面図の屋根と地面まわりを消去する。

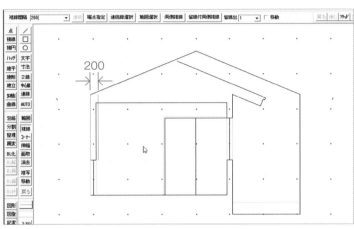

2 左側の壁はスチレンボード2mmを使用するため幅0.5mm狭くする必要がある。外壁の外側から「複線」コマンドで図のように「200」内側に線を作図する。
さらに「消去」「伸縮」「コーナー」コマンドで左側の外壁断面、開口部、天井の線を削除する（次図を参照）。

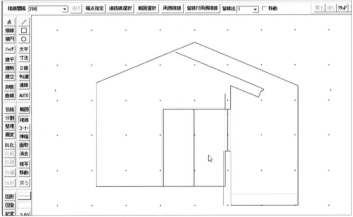

3 断面部分右側の壁もスチレンボード2mmを使用するので、「複線」コマンドで外壁より「200」内側に線を作図する。

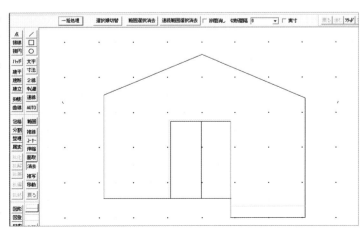

4 図のように、「消去」「伸縮」「コーナー」コマンドで、開口部と地面の線を整え、不要な手前の屋根の線を消去する。

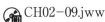
CH02-09.jww

2章 ［初級編］木造平家建住宅（縮尺1/100）の模型をつくる

55

これで、すべての外壁の型紙用図面を作図したので、模型制作時にカッターナイフでまとめて切りやすいように、近くに集めます。

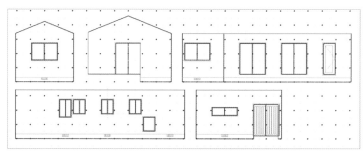

5 「移動」コマンドで、外壁の型紙用図面を近くに移動する。コントロールバー「基準点変更」でグリッドを🖱(右)して底面の高さを揃えて移動しておく。

外壁の線色をすべて「線色1」に切り替え、印刷時に「細線」になるようにします。これは型紙用図面をカッターナイフで切るときの精度を上げるためです。

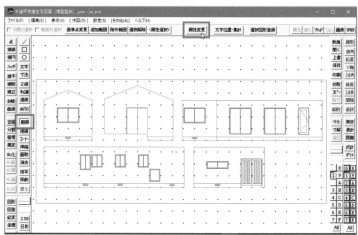

6 「範囲」コマンドで、外壁の型紙用図面をすべて選択し、コントロールバー「属性変更」を🖱。

7 ダイアログが開くので、「指定【線色】に変更」にチェックを付ける。

8 開く「線属性」ダイアログで、「線色1」にチェックを付け、「Ok」を🖱。

9 属性変更のダイアログに戻るので、「OK」を🖱する

すべての線が「線色1」に切り替わります。

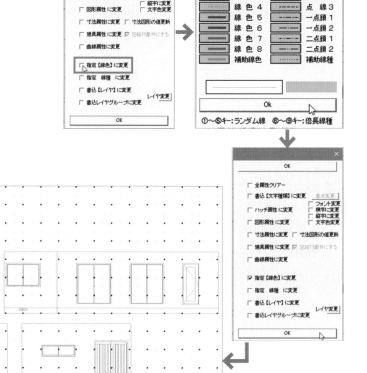

開口部はカッターナイフで切り抜くので、その目印として、「／」コマンドで「×」を記入します。

10 「／」コマンド（水平・垂直のチェックなし）を🖱️。「線属性」を「線色1」に切り替える。

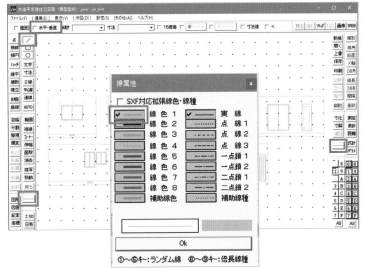

11 開口部の図の位置に対角線をかいて「×」を記入する。これをすべての開口部に行う。

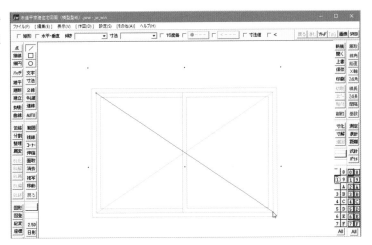

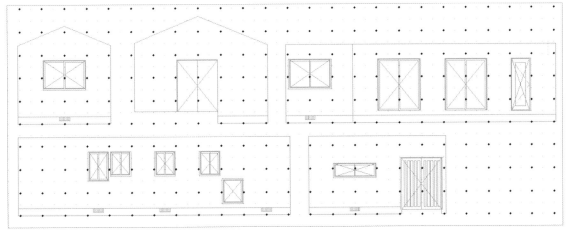

※「敷地の型紙用図面」の下側に作成されています。

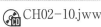 CH02-10.jww

内壁の型紙用図面は床の型紙用図面を利用し、「内壁キープラン」を参考にして、作図します。
模型では壁の厚さを200mmにするため、型紙用図面では、必要に応じて整える部分があります。
高さは床から天井までの高さ（天井高）2400mmで作図します。出入りできる開口部の高さはすべて2000mm
で作図します。

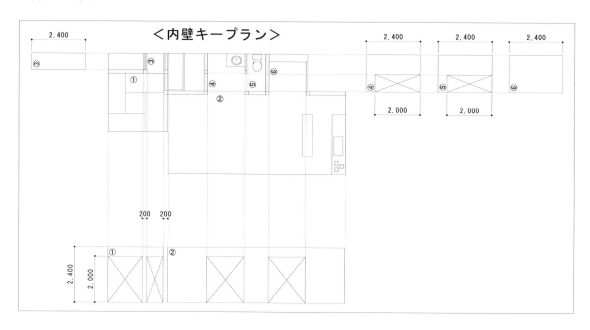

キープランの内壁①②を作図するために、床の型紙用図面を複写します。

1 「複写」コマンドで、上段の床の
型紙用図面を外壁の型紙用図
面の下あたりに複写する。
また、「／」コマンドで、複写した
図の下のグリッド上に、壁下部の
線を作図する。
さらに、「複線」コマンドで、2400
離れた線をかく。

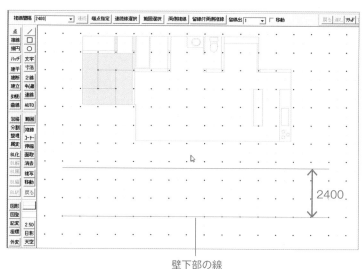

2 「／」コマンドで、床の型紙用図面から内壁の領域線をかく(計4本)。

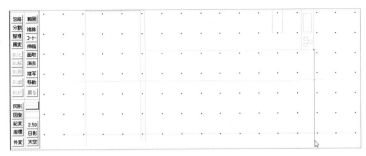

3 床の型紙用図面の下に内壁の基準線ができたので、「消去」「コーナー」「伸縮」コマンドで線を整理し、内壁①②の壁線を作図する。

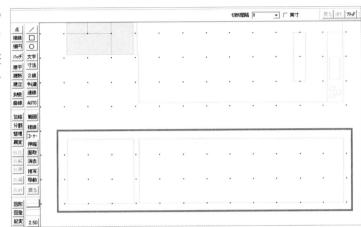

4 「／」コマンドで、床の型紙用図面から内壁①②へ開口部の縦線をかく。
内壁①では、「複線」コマンドで、壁厚に合わせて開口部の縦線から200mm離れた線をかく。
内壁②の開口部は、「／」コマンドで、縦線を開口部内側からかく(計4本)。さらに、「複線」コマンドで、壁下部の線から開口部高さ2000mmの線をかく。

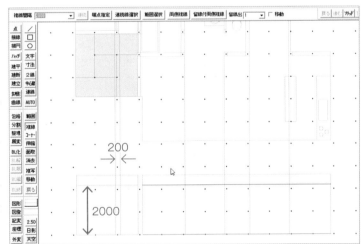

5 「消去」「コーナー」「伸縮」コマンドで、図のように線を整える。
これで、内壁①②の開口部が完成する。

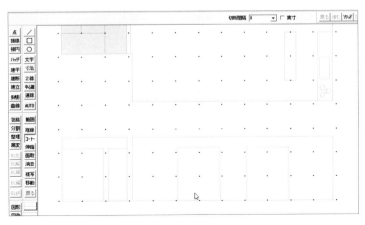

6 「／」コマンドで開口部に「×」を
記入したら、「移動」コマンドで床
と内壁の型紙用図面を選択し、
回転角「-90」で回転しておく。

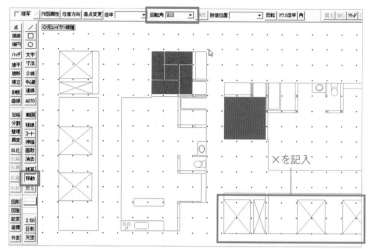

×を記入

キープランの内壁③〜⑥を、回転した
型紙用図面を使用して作図します。

7 「／」コマンドで、床の型紙用図
面の玄関あたりから、図のような
縦線をかく（計2本）。

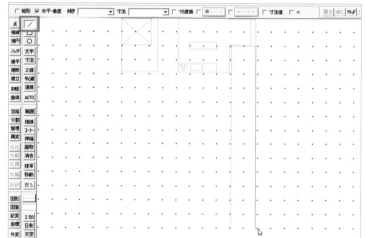

8 天井高は2400mmのため任意の
横線を「／」コマンドでかき、そこ
から「複線」コマンドで2400の線
をかき、上下の壁線とする。これを
3つ作成する。
次に、床の型紙用図面から洗面
所の開口部の縦線をかく。
開口部は、「複線」コマンドで、床
から高さ2000の線をかき、「／」コ
マンドで「×」を記入する。
線を整理すれば、内壁④〜⑥が
完成する。

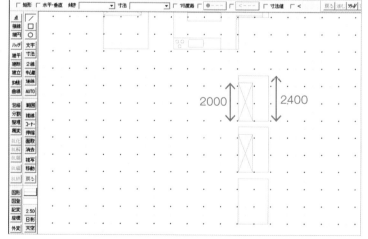

9 床の型紙用図面の押入の壁から縦線をかき、同様に、反対側の内壁③も作図する。

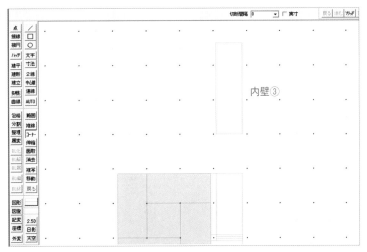

10 「移動」コマンドで、床と作図した内壁すべてを選択し、回転角「90」で元の角度に戻す。

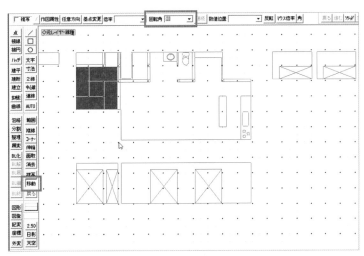

内壁に①〜⑥までの名前を記入します。

11 「文字」コマンドで、内壁の適当な場所にキープランと同じ数字の「①」を記入する(ここでは文字サイズは「3」)。

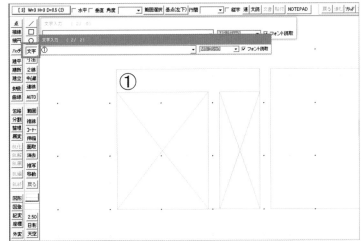

12 ②～⑥の内壁名も記入する。

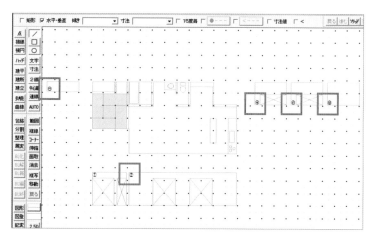

13 「範囲」「消去」コマンドで、不要になった床の型紙用図面を消去する。

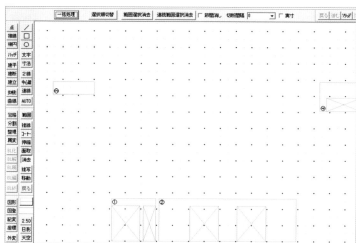

14 「移動」コマンドで、内壁①～⑥をまとめる。

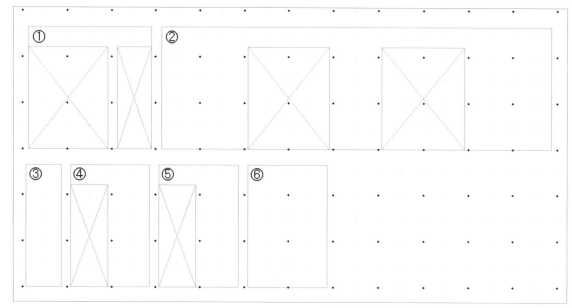

CH02-11.jww

2.3　屋根伏図・立面図を使用して屋根の型紙用図面を作図

前節「2.2　立面図・断面図・平面図を使用して壁の型紙用図面を作図」に続けて、屋根伏図・東立面図・南立面図・西立面図を使用して、屋根の型紙用図面を作図します。

2.3.1　屋根の型紙用図面を作図

下図は、屋根型紙の説明図です。

屋根伏図は上から見た図なので、勾配がある部分は実際より短くなっています。

下図のように、屋根の型紙用図面は、屋根伏図を元に実際の長さを立面図から測定して、長くします。

勾配によって伸びる部分を示すことで、勾配のある屋根の型紙用図面が作図できます。

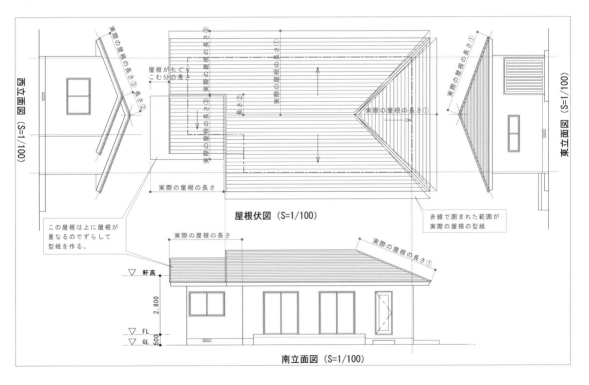

作図ウィンドウに屋根伏図を表示し、適当な余白に屋根伏図を複写します。

1 「複写」コマンドで、屋根伏図をすべて選択し、コントロールバー「基準点変更」を🖱し、適当なグリッドを🖱(右)。

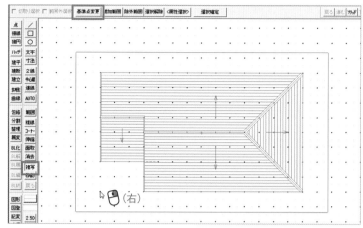

2 内壁の型紙用図面の右側あたりの適当な場所のグリッドを🖱(右)して、屋根伏図を複写する。

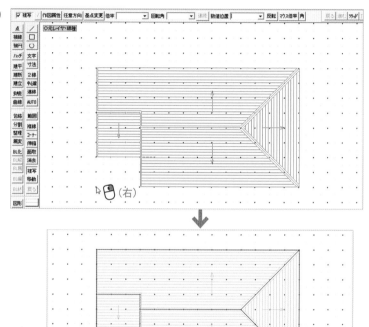

3 レイヤグループ 0 を2回🖱して表示のみレイヤグループに切り替える。

これで、屋根伏図がグレーになり、線の変更ができなくなります。

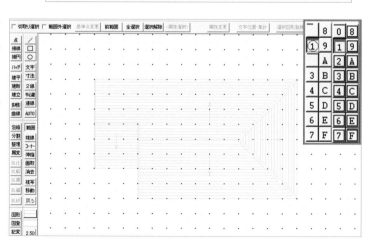

複写した屋根伏図を利用して、屋根の型紙用図面を作図します。
棟の線は長さが変わらないので、そのまま上に作図します。

④ 「／」コマンド（水平・垂直チェック付き）で、棟の線をかく。

勾配がある部分は、立面図の屋根から実際の長さを測定します。

⑤ 作図ウィンドウに東立面図を表示する。「測定」コマンドで、コントロールバー「距離測定」を🖱し、図の屋根の軒先を🖱（右）。

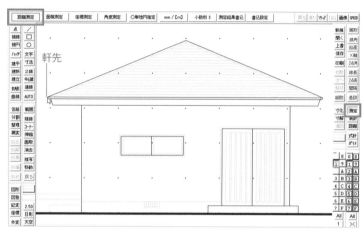

軒先

⑥ 続けて、棟の先端を🖱（右）。

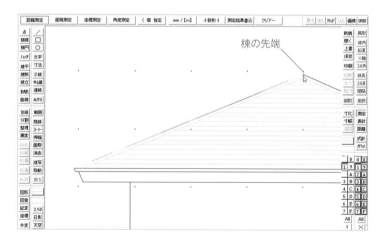

棟の先端

7 コントロールバー「mm/【m】」を🖱
して「【mm】/m」に切り替え、
長さが3990.4mmであることを
ステータスバーの表示で確認す
る。

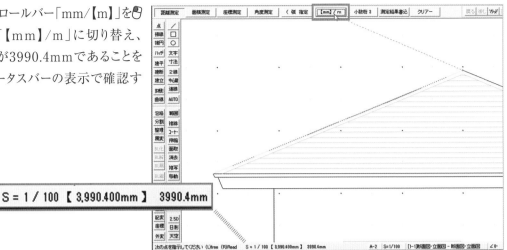

S = 1 / 100 【 3,990.400mm 】 3990.4mm

屋根伏図に戻り、測定した長さを反映
した軒先線を作図します。

8 「複線」コマンドで、棟線を🖱して
選択し、コントロールバー「複線間
隔」に「3990.4」を入力し、下側に
🖱。

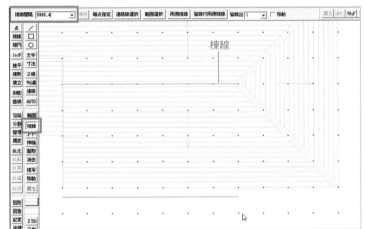

勾配による棟から軒先までの長さは
変わりますが、軒先の長さは変わらな
いので、軒先線を元の図と同じ長さに
します。

9 「伸縮」コマンドで、軒先線を🖱
し、図の屋根伏図の角を🖱(右)。

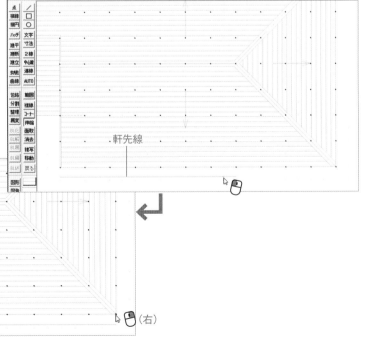

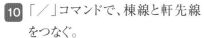

10 「／」コマンドで、棟線と軒先線をつなぐ。

斜線は、コントロールバー「水平・垂直」のチェックを外してかく。

これで南側の屋根がかけました。次に 8 ～ 10 と同様に、北側の屋根の型紙用図面を作図します。

11 「複線」コマンドで、棟線を🖱(右)したら、上側で🖱して複線を確定する。

> ここでは、複線間隔3990.4がまだ有効になっているので、数値を入力せずに🖱(右)することで、複線をかきます(前回値自動入力機能)。

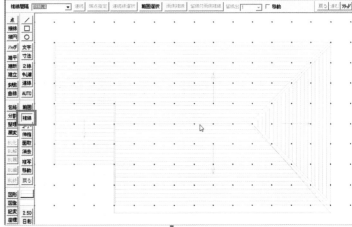

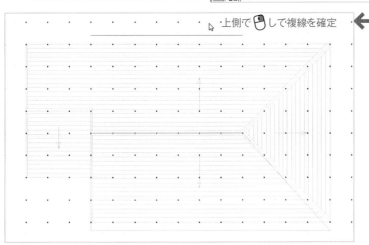

上側で🖱して複線を確定

12 **9**と同様に、「伸縮」コマンドで、複線した軒先線を元の図と同じ長さにする。

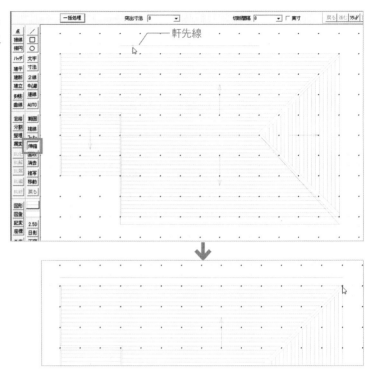

13 「／」コマンドで、棟線と軒先線の東側の端点をつなぐ。

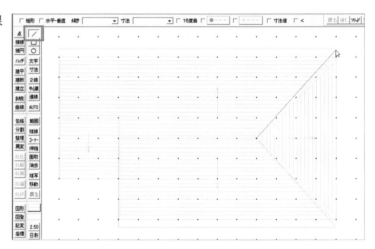

西側の実際の屋根勾配部分の長さは西立面図から測定します。

14 作図ウィンドウに西立面図を表示し、「測定」コマンドで、西立面図から、図の屋根の軒先を🖑(右)。

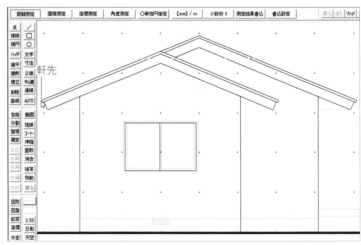

15 続けて、棟の先端を🖐(右)して、長さが3010.3mmであることをステータスバーの表示で確認する。

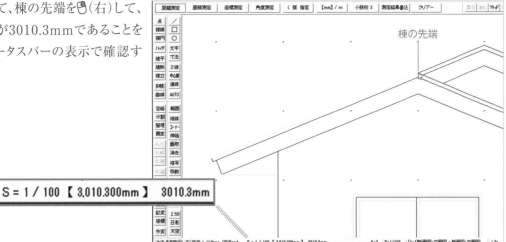

S = 1 / 100 【 3,010.300mm 】 3010.3mm

16 屋根伏図に戻り、「複線」コマンドで、軒先線を🖐し、「3010.3」を入力し、軒先線の下側で🖐。この線が西側手前の屋根の棟線になる。

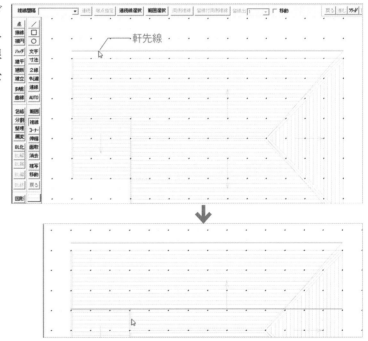

軒先線

17 「／」コマンドで、西側手前の屋根の棟線と軒先線の西側の端点をつなぐ。

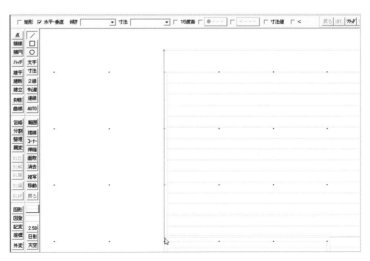

18 「／」コマンドで、図の垂直線を
上方に伸ばす。

19 「コーナー」コマンドで、**16**で作成
した複線と**18**で作成した線を使
って角をつくる。

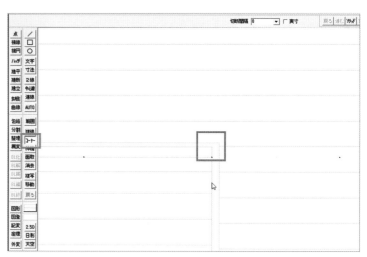

これで北側の屋根がかけました。
次に東側の屋根型紙用図面を作図し
ます。

20 まず、「／」コマンドで、東側の棟
先端から北側の軒先まで線をか
く。
次に、「伸縮」コマンドで、その線
を南側の軒先まで伸ばし、東側
の軒先線と同じ長さの線をかく。

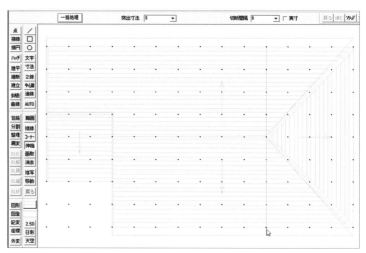

21 「複線」コマンドで、20で作図した線を🖱し、5～7で測定した長さ「3990.4」を入力したら、線の右側で🖱。

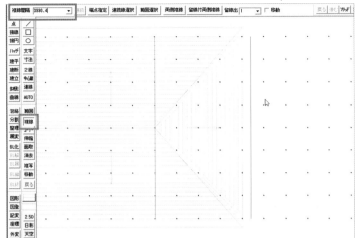

22 東側の軒先線がかけたので、「消去」コマンドで、20で作図した線を🖱(右)して消去する。

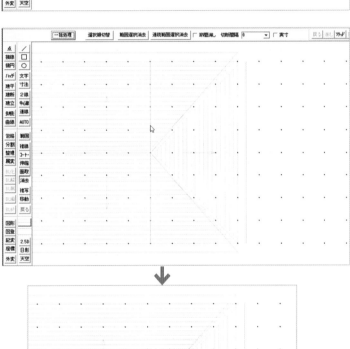

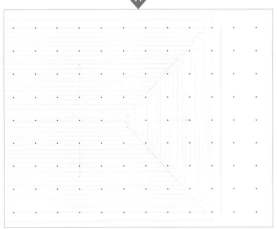

23 「／」コマンドで、軒先線の両端と棟の先端を線でつなぐ。

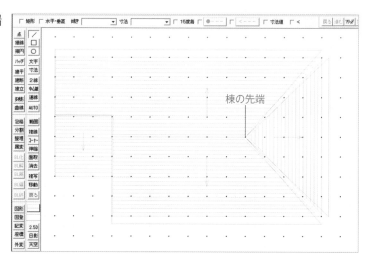

これで東側の屋根がかけました。

次に西側手前の屋根の型紙用図面を作図します。この屋根は一部が下にもぐり込んでいるので、その分も含めて作図します。

24 「複線」コマンドで、図の軒線を🖱し、コントロールバー「複線間隔」に「835」を入力し（軒の出910から通り芯外側の壁厚75mmを引くと835mm）、線の右側で複線を確定する。

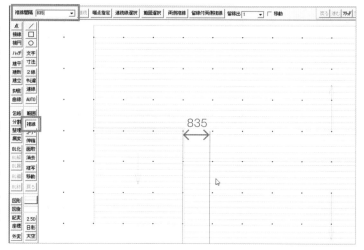

25 「／」コマンドで、屋根伏図の棟線をなぞって**24**で作図した線まで、図のように線をかく。

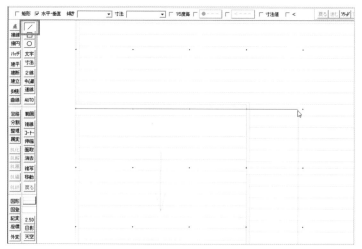

26 「複線」コマンドで、25 で作図した線を🖱し、コントロールバー「複線間隔」に「3010.3」を入力して🖱し、下側で複線を確定する。この複線間隔は、14 と 15 で測定した長さと同じになる。
「／」コマンドで、線をつなぐ。

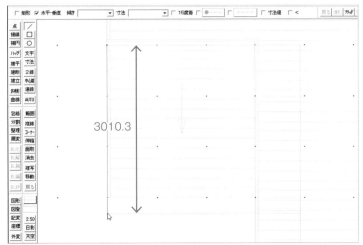

27 「コーナー」コマンドで、図の位置に角をつくる。

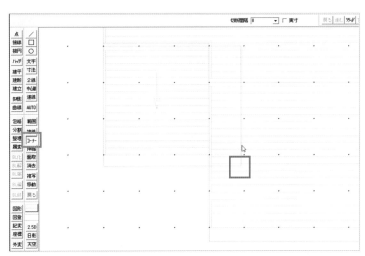

28 「移動」コマンドで、作図した西側手前の屋根のもぐり込んだ部分が他の屋根と重ならない適当な場所に移動する。

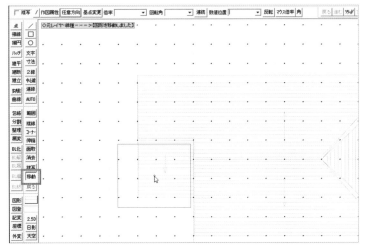

29 屋根伏図の上に作成したままなので、「移動」コマンドで、すべての屋根の型紙用図面を選択し、コントロールバー「基準点変更」を🖲して適当なグリッドを🖲（右）し、別の場所で🖲（右）して屋根の型紙用図面を移動する。

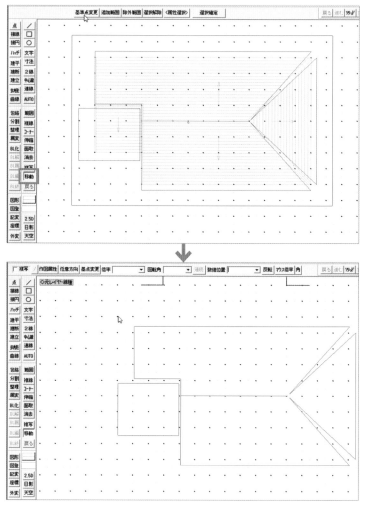

屋根の型紙用図面に屋根伏図と同じ仕上線を作図します。はじめに、棟包と隅棟包の線を幅100mmで、棟線の内側に作図します。

30 「複線」コマンドで、棟線を🖲し、コントロールバー「複線間隔」に「100」を入力し、屋根の内側で🖲。
その後、残りの棟線・隅棟線・西側屋根のもぐり込んだ部分の棟線と、順次🖲（右）して（前回値連続複線）、複線をかいていく。

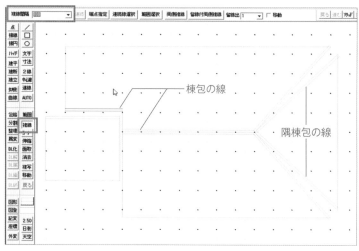

棟包の線

隅棟包の線

ケラバ水切の線を、幅50mmで内側
に作図します。

31「複線」コマンドで、ケラバ線を🖱
し、コントロールバー「複線間隔」
に「50」を入力し、内側で🖱。
その後、残りのケラバ線を🖱（右）
して、内側に複線をかく。

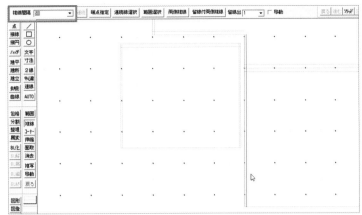

32「伸縮」「消去」コマンドなどで、線のはみ出しなどを整える。棟包はケラバ水切より優先する。

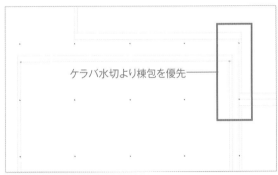

ケラバ水切より棟包を優先

南側屋根の仕上線を作図します。

33「分割」コマンドで、コントロール
バー「分割数」に「20」を入力し、
棟包線を🖱。
次に、軒先線を🖱すると、その間
を20分割する線が作図される。

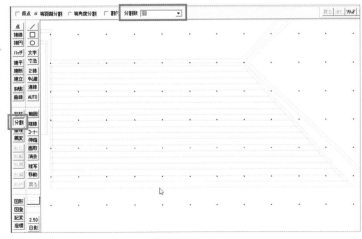

この分割線を仕上線とします。仕上線がケラバ水切まで食い込んできているので、短くします。

34 ツールバー「パラメ」(パラメトリック変形)コマンドを🖱し、食い込んでいる方の仕上線の端点をすべて囲み、コントロールバー「選択確定」を🖱。

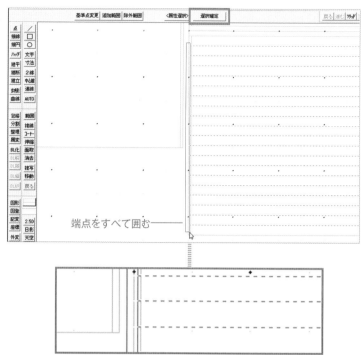

端点をすべて囲む──

35 コントロールバー「基点変更」を🖱して、図のケラバ線の端点を🖱(右)。
50mm右の水切の端点を🖱(右)して、コントロールバー「再選択」を🖱。

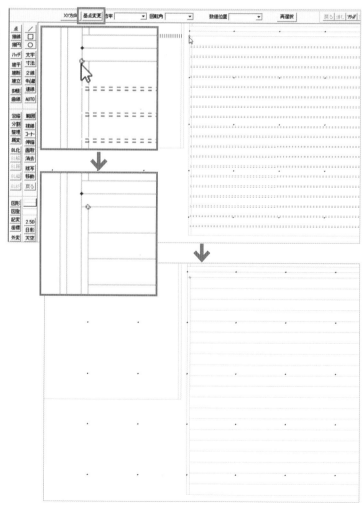

36 「伸縮」コマンドで、隅棟包線を🖱️🖱️（右ダブルクリック）し、仕上線を順次🖱️して、はみ出した線を隅棟包線まで縮める。

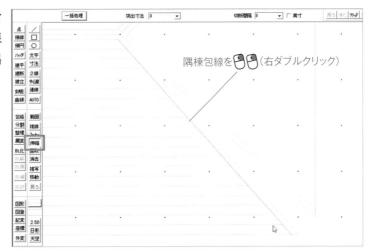

隅棟包線を🖱️🖱️（右ダブルクリック）

南側屋根の仕上線がかけました。これを利用して、北側屋根の仕上線を作図します。

37 「複写」コマンドで、南側屋根の仕上線を選択し、コントロールバー「選択確定」を🖱️。

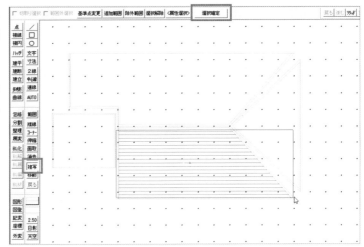

38 コントロールバー「反転」を🖱️。

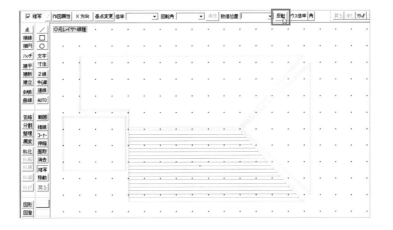

2章 [初級編] 木造平家建住宅（縮尺 1/100）の模型をつくる

39 棟線を🖱️すると、北側の屋根に仕
上線が反転複写される。

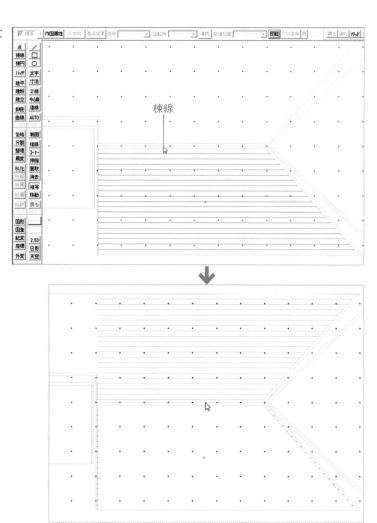

40 「伸縮」コマンドで、図のケラバ
水切線を🖱️🖱️(右ダブルクリック)。

41 複写した仕上線を順次🖱して、ケ
ラバ水切線まで伸ばす。

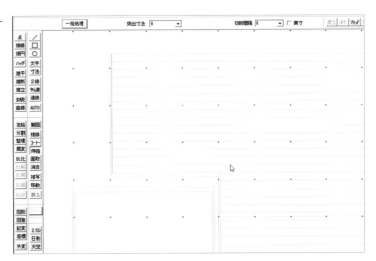

北側屋根の仕上線がかけました。
次に、西側手前の屋根の仕上線を作
図します。

42 「分割」コマンドで、コントロール
バー「分割数」に「15」を入力し、
棟包線を🖱。
次に、軒先線を🖱して、15分割の
線を作図する。

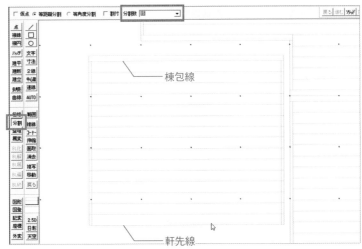

棟包線

軒先線

仕上線がケラバ水切まで食い込んで
いるので、短くします。

43 隅棟包線のように斜線ではない
ので、34 35 の操作と同様に、ツー
ルバー「パラメ」コマンドで、両側
ともはみ出した仕上線を短くす
る。

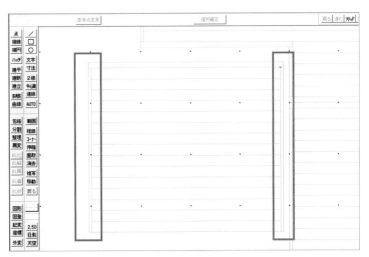

最後に、東側屋根の仕上線を作図します。

44 「分割」コマンドで、コントロールバー「分割数」に「20」を入力し、東側屋根の隅棟包線が交差する点を🖱️（右）。
軒先線を🖱️して、20分割の線を作図する。

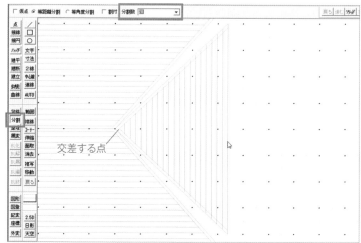

交差する点

45 「伸縮」コマンドで、隅棟包線を🖱️🖱️（右ダブルクリック）し、仕上線を順次🖱️して線を整える。
両側とも処理したら屋根の型紙は完成である。

📀 CH02−12.jww

2.4 家具類・自動車・人などの型紙用図面を作図

模型をよりリアルに見せるためには、室内外に多くの小物を置くことが得策です。キッチン・衛生器具・家具類を置いて生活感を出し、人を置いてスケール感を表現します。屋外には塀・植栽・自動車を置くとリアルさが強化できます。

縮尺が1/100の場合、精密さは必要ありません。小物の大きさと高さが大体合っていれば十分です。

2.4.1 キッチン・衛生器具の型紙用図面を作図

床の型紙用図面に作図した「キッチン流し台」「便器」「洗面流し台」をそのまま複写し、型紙図面とします。高さはスチレンボード厚と枚数で調整します。

床の型紙用図面からキッチン流し台の型紙用図面を作図します。

1 レイヤグループ①を🖱（右）して、書込レイヤグループに切り替え、レイヤ①・⑧・⑨・Ⓐ・Ⓑは非表示レイヤとする。

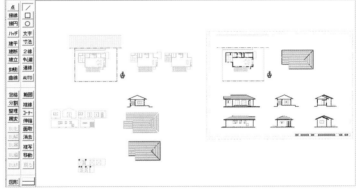

2 「範囲」コマンドで、コントロールバー「切取り選択」にチェックを付け、床の型紙用図面のキッチン流し台を選択する。

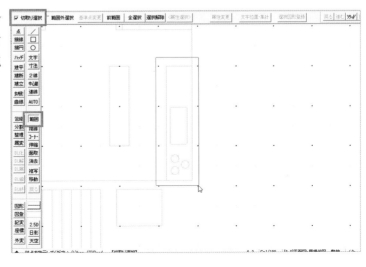

3　「複写」コマンドで、床の型紙用
図面（上段）の下あたりの適当な
場所を⊡して複写し、「伸縮」コマ
ンドではみ出した線（2カ所）を整
える。

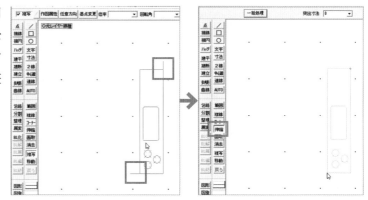

便器と洗面流し台の型紙用図面を作
図します。便器は複写するだけで、加
工や編集の必要はありません。

4　「複写」コマンドで、便器を選択
し、コントロールバー「選択確定」
を⊡して、適当な位置（大体でよ
い）に複写する。

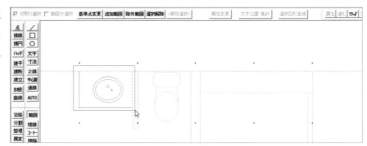

5　キッチン流し台と同様に、洗面流
し台をコントロールバー「切取り
選択」で複写し、はみ出した線を
整える。

キッチン流し台・洗面流し台・便器の高さの調整
高さは以下のとおりで、スチレンボード厚と枚数で調整します。

- キッチン流し台、洗面流し台 ▶ 800mm　スチレンボード = 5mm + 3mm
- 便器 ▶ 500mm　スチレンボード = 5mm

6　「複写」コマンドで、複写したキッ
チン流し台と洗面流し台の型紙
用図面を、高さ調整のために、そ
れぞれ1枚ずつ複写する。
なお、便器はスチレンボード1枚の
高さになるので、さらに複写する
必要はない。

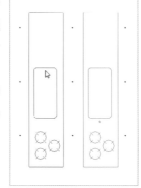
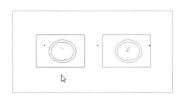

CH02-13.jww

2.4.2　家具類の型紙用図面を作図

敷地の型紙用図面にある冷蔵庫・洗濯機・テーブル・椅子・カウンター・下駄箱を、それぞれ単体で複写し、型紙用図面とします。方法は、前項「2.4.1　キッチン・衛生器具の型紙用図面を作図」と同じです。

1 「複写」コマンドで、敷地の型紙用図面の冷蔵庫・洗濯機・テーブル・椅子・カウンターを複写する。
一括して複写するには、コントロールバー「追加範囲」を使う。

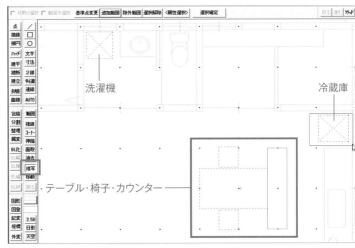

2 「範囲」コマンドで、コントロールバー「切取り選択」にチェックを付け、敷地の型紙用図面の下駄箱を複写する。

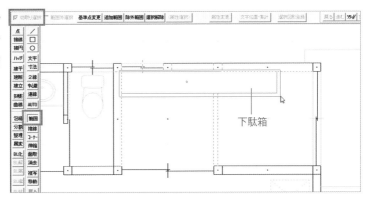

3 **1** **2** でキッチン・衛生器具の型紙用図面の下あたりに複写した家具類は図のとおりである。
「属変」（属性変更）コマンドで、点線表記の洗濯機・冷蔵庫・テーブル・椅子は「線色1」「実線」に切り替え、「×」などの不要な線は消去して整える。

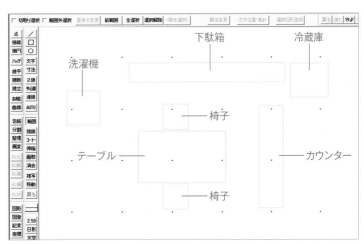

冷蔵庫・洗濯機・テーブル・椅子・カウンター・下駄箱の高さの調整

高さは以下のとおりで、スチレンボード厚と枚数で調整します。

- ● 冷蔵庫 ▶ 1800mm　スチレンボード = 5mm × 3枚 + 3mm
- ● 洗濯機 ▶ 1000mm　スチレンボード = 5mm × 2枚
- ● テーブル ▶ 700mm　スチレンボード = 5mm + 2mm
- ● 椅子 ▶ 500mm　スチレンボード = 5mm
- ● カウンター ▶ 1000mm　スチレンボード = 5mm × 2枚
- ● 下駄箱 ▶ 800mm　スチレンボード = 5mm + 3mm

4 上記のスチレンボード枚数を参考にして、高さに必要な枚数を複写する。

この後で、スチレンボード厚ごとにまとめるので、ここでは、同じ厚さのものはまとめやすいように、近くに複写しておく。

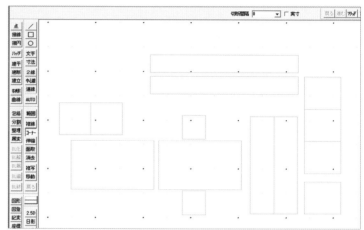

CH02-14.jww

2.4.3　**自動車の型紙用図面をコピー**

自動車は2つの側面と屋根の型紙用図面を用意します。

本書で使用する自動車の型紙用図面寸法は、右図を参考にしてください。

スチレンボード厚2mmで表現します。

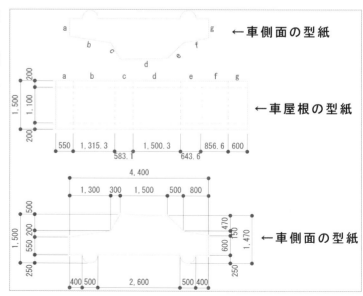

ここでは、付録CDの「模型型紙デー
タ」フォルダ→「100分の1_自動車・人
型紙.jww」を開き、図をコピーします
（作図の詳細説明は省略）。

1 付録CDの「模型型紙データ」フ
ォルダ→「100分の1_自動車・人
型紙.jww」を🖱🖱（左ダブルク
リック）し、データを開く。

2 「範囲」コマンドで自動車の型紙
用図面を選択し、「コピー」コマン
ドを🖱。

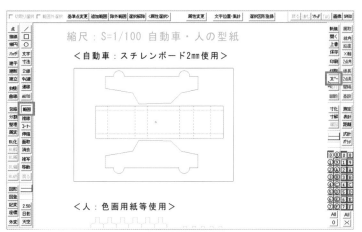

3 作図中のファイルに戻り、「貼付」
コマンドを🖱し、適当な場所（本書
では家具類の型紙用図面の下）
で🖱。
適当なコマンド（ここでは「範囲」
コマンド）を🖱し、貼付を終了す
る。

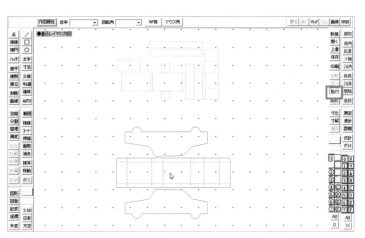

2章　［初級編］木造平家建住宅（縮尺 1/100）の模型をつくる

人は、大人と子供の2種類を用意し、色画用紙などで制作します。
本書で使用する人の型紙用図面寸法は右の図を参考にして、ください。

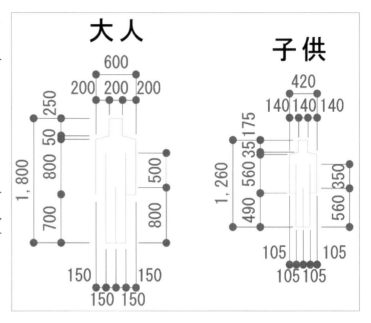

ここでは、付録CDの「模型型紙データ」フォルダ→「100分の1_自動車・人型紙.jww」を開き、図をコピーします（作図の詳細説明は省略）。

1 開いた「100分の1_自動車・人型紙.jww」から、「範囲」コマンドで人の型紙用図面を選択し、「コピー」コマンドを🖲。

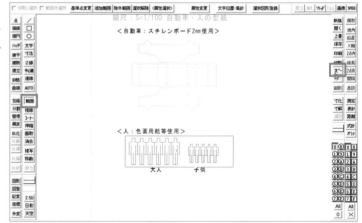

2 作図中のファイルに戻り、「貼付」コマンドを🖲し、適当な場所（本書では自動車の型紙用図面の下）で🖲。
適当なコマンド（ここでは「範囲」コマンド）を🖲し、貼付を終了する。
「100分の1_自動車・人型紙.jww」はもう不要なので、右上隅の「×」を🖲して閉じる。

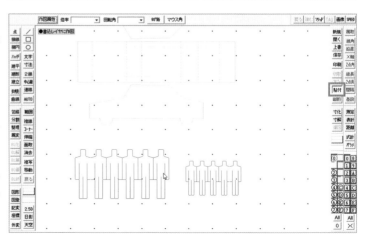

2.4.5 塀・花壇の型紙用図面を作図

塀は敷地の東側・西側・南側にあり、高さ1800mmにします。敷地の北側には高さ500mmの花壇の縁があります。ともに、スチレンボード厚1mmを使用します。

1 敷地の広さは13m×17m（南北13000mm、東西17000mm）で、塀は南北に2カ所、東西に1カ所ある。

「／」「複線」「伸縮」コマンドなどで、図を参考にして塀の型紙用図面を作図する（本書では用紙枠の左下あたりに作図）。

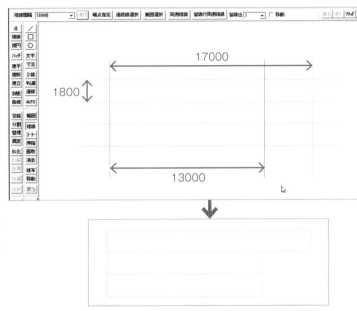

花壇の縁は敷地の型紙用図面を利用して作図します。

2 作図ウィンドウに敷地の型紙用図面を表示する。

「複線」コマンドで、図の花壇の縁の線を🖱。

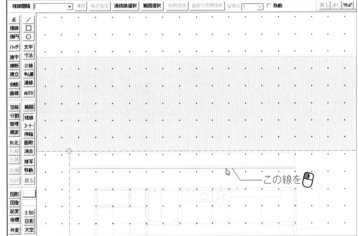

この線を🖱

3 敷地の外の適当な場所を🖱し、続けて上側を🖱して、線を確定する。

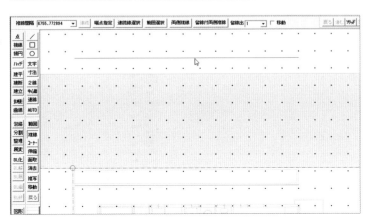

4 花壇の縁の高さは500mmなので、「複線」コマンドで、コントロールバー「複線間隔」に「500」を入力して、上に線を複写し、さらに、コントロールバー「連続」を🖱して、もう1本複写する。

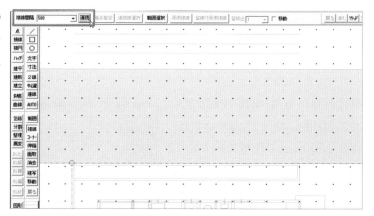

5 「／」コマンドで、両端に縦の線をかく。これが長い方の花壇の縁になる。

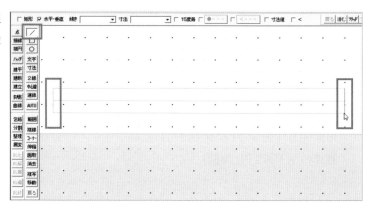

6 「測定」コマンドで、花壇の短い方の縁側を測定する（結果は910mm）。

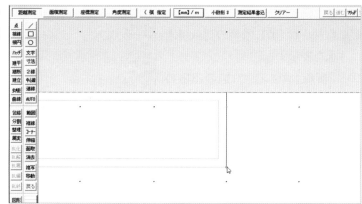

7 「複線」コマンドで、**5**で作図した右側の縦線から910離れた線をかく。

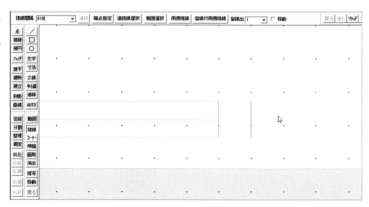

8 「／」「コーナー」コマンドで、図のように線を整え、短い方の花壇の縁の型紙用図面を作図する。反対側は塀に接するので、不要である。

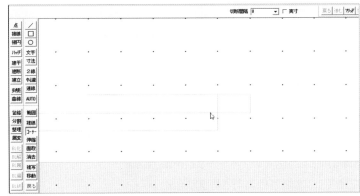

花壇の土の部分（底）の型紙用図面を作図します。高さを300mmとし、スチレンボード厚3mmを使用します。

9 「範囲」コマンドで、コントロールバー「切取り選択」にチェックを付け、花壇の内側の線を選択する。

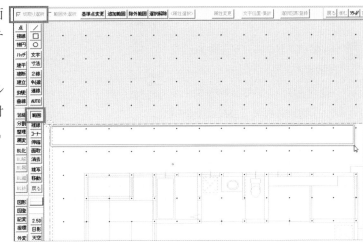

10 「複写」コマンドで適当な場所に複写し、「伸縮」「消去」コマンドで塀の線などの不要な線を消去する。

2章 ［初級編］木造平家建住宅（縮尺1/100）の模型をつくる

89

A－A断面図を利用して、キッチンの「吊戸棚＋換気扇」の型紙用図面を作図します。吊戸棚は奥行き約300mmとしてスチレンボード厚3mmを使用し、換気扇は奥行き約600mmとしてスチレンボード厚3mm＋3mmを使用します。

1 作図ウィンドウにA－A断面図を表示する。
「範囲」コマンドで、コントロールバー「切取り選択」にチェックを付け、吊戸棚＋換気扇を選択する。

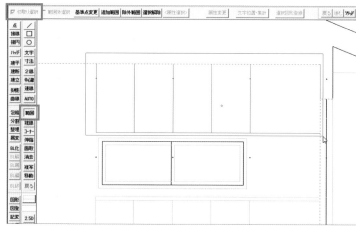

2 「複写」コマンドで、適当な場所（本書では床の型紙用図面（下段）の下）に複写する。

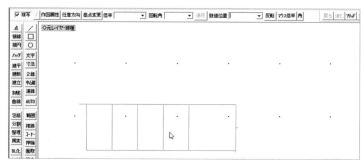

3 「伸縮」「コーナー」コマンドなどではみ出した線を整え、「属変」コマンドですべての線を「線色1」に切り替える。

換気扇は型紙用図面が2枚必要なので、換気扇部分の型紙用図面はもう1枚作図する。

4 「範囲」コマンドで、コントロールバー「切取り選択」にチェックを付け、換気扇部分を選択する。

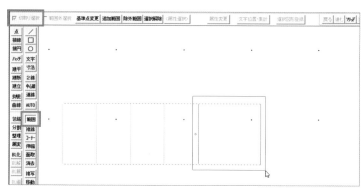

5 「複写」コマンドで、適当な場所に複写する。

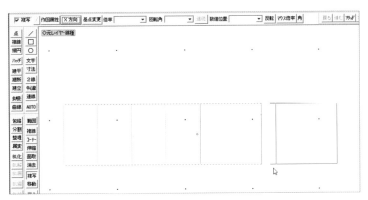

6 「伸縮」「コーナー」コマンドなどで、はみ出した線を整える。
これで、吊戸棚＋換気扇の型紙が完成である。

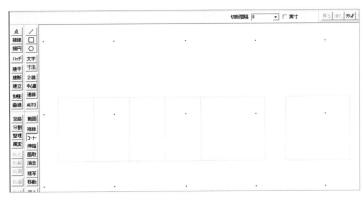

次に、浴槽の縁の型紙用図面を床の型紙用図面から作図します。浴槽の高さは500mmとします。

7 作図ウィンドウに床の型紙用図面を表示する。
「測定」コマンドで浴槽を測定する（幅1620mm、奥行760mm）。

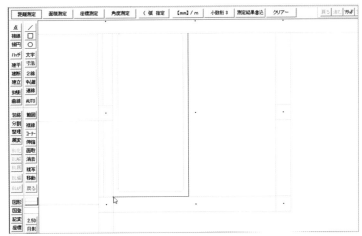

浴槽は、スチレンボード厚1mmを使用することから、奥行760mmから200mm（幅の厚み2カ所分）を引いて560mmにする。

8 「□」コマンドなどで、高さ500mm×幅1620mmと高さ500mm×奥行560mmの浴槽の縁を、それぞれ2枚作図する（くっつけてよい）。

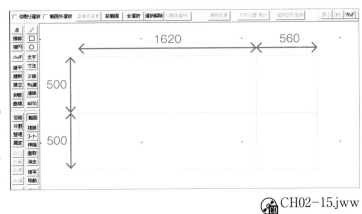

🐱CH02–15.jww

2.5 型紙用図面を用紙サイズに合わせて レイアウトし、印刷

模型制作に必要な型紙用図面がかけました。ここで、これらを定められた用紙サイズで印刷します。

2.5.1 図面を移動し、型紙用図面用の用紙枠を設定

ここでは、用紙サイズを家庭用のプリンタでも印刷可能なA4サイズとします。現在のデータはA2サイズの設定なので、「A2」を4等分して「A4」にします。

現在は中心にある元の図面を移動し、用紙枠を型紙用図面用に調整します。

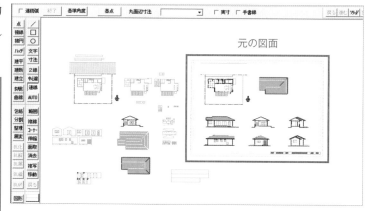

1️⃣ 書込レイヤグループ 0 のレイヤをすべて表示レイヤに切り替えるため、レイヤバーの「All」ボタンを3回🖱する。

2️⃣ レイヤグループバー 1 を🖱(右)して書込レイヤグループに切り替えると、右のようなレイヤ表示となる。レイヤバーの「All」ボタンを3回🖱して、書込レイヤグループ 1 のレイヤもすべて表示レイヤに切り替える。

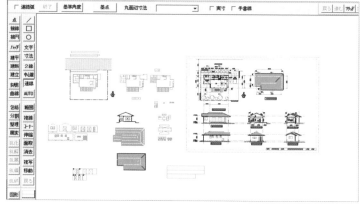

これですべてのレイヤグループのすべてのレイヤが表示レイヤに切り替わって表示されるので、作図に進みます。

現在中心にある元の図面を移動します。

3 「移動」コマンドで、元の図面を用紙枠まで含めて選択する。

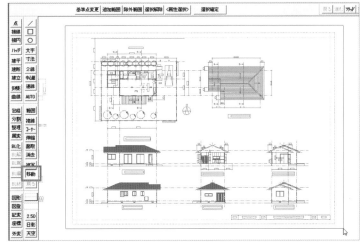

4 コントロールバー「基準点変更」を🖱し、適当なグリッドを🖱(右)。

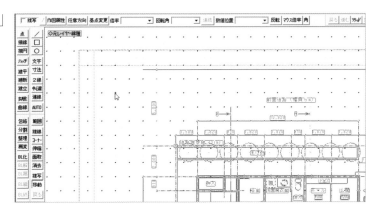

5 コントロールバー「任意方向」を🖱して「X方向」に切り替え、用紙枠の外側のグリッドを🖱(右)。

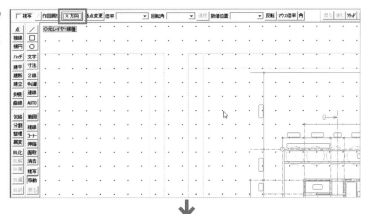

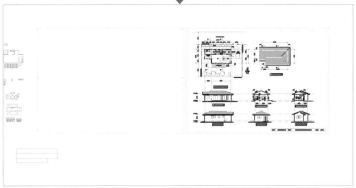

6 レイヤグループバー F を🖱(右)して書込レイヤグループに切り替える。
レイヤグループ F の縮尺はS＝1:1の設定になっている。

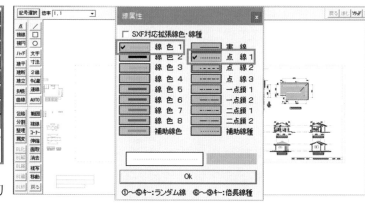

7 線属性を「線色1」「点線1」に切り替える。

図面を移動させたあとの用紙枠の線を上からなぞります。

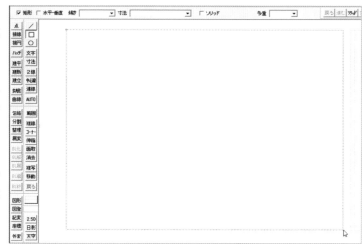

8 「□」コマンドで、用紙枠の左上角を🖱(右)し、続けて用紙枠の右下角を🖱(右)。

9 「中心線」コマンドで4等分にして、田の字型にA4サイズの用紙を4つつくる。
下図は、最初の2分割の作図例。

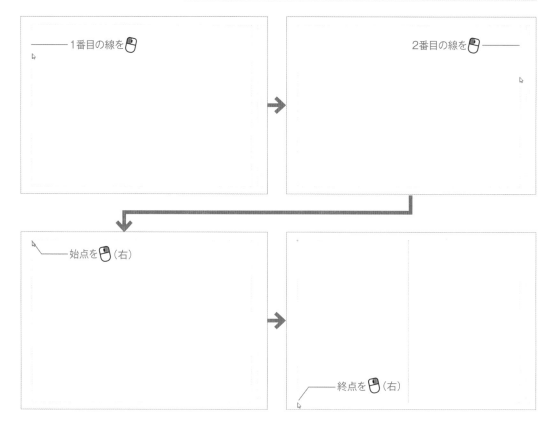

――――1番目の線を🖱

2番目の線を🖱――――

――――始点を🖱(右)

――――終点を🖱(右)

10 続けて、4分割を完成させる。

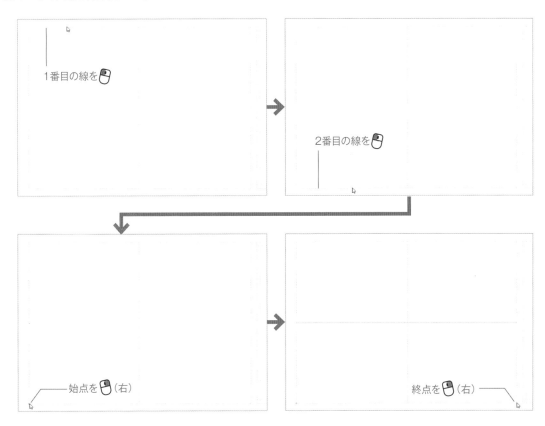

プリンタの印刷範囲を考慮し、それぞれの用紙の周りに原寸で10mmの印刷しない線を作図します。型紙を配置するときに、この線の内側に配置するようにします。

11 線属性を「補助線色」「補助線種」に切り替える。

12 「複線」コマンドで、線を🖱し、コントロールバー「複線間隔」に「10」を入力して、順次、内側に線をかく。

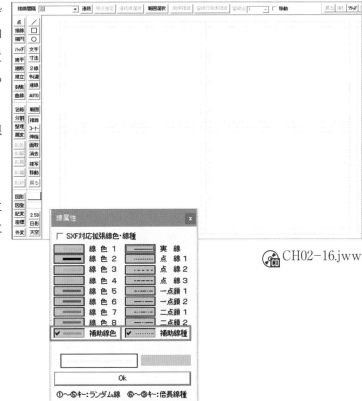

🔵CH02-16.jww

2章 ［初級編］ 木造平家建住宅（縮尺1/100）の模型をつくる

敷地の型紙用図面がA4サイズに納まるようにレイアウト

型紙用図面をA4サイズの用紙枠内にレイアウトします。本書のレイアウトはあくまで参考例なので、自由にレイアウトしてかまいません。ただし、印刷後にどの部分の型紙用図面なのかがわからなくならないように図面上に型紙の名称を記入しておきましょう。スチレンボードに貼り付けるときのスプレーのりの種類と貼り付けるスチレンボード厚も記入しておくと便利です。それらをまとめてレイアウトすると、模型制作作業がはかどります。

敷地の型紙用図面を用紙枠に移動します。

1 「移動」コマンドで、敷地の型紙用図面を選択し、コントロールバー「基準点変更」を🖱。

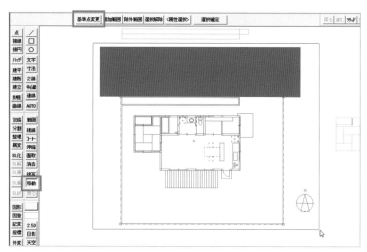

2 適当なグリッドを🖱(右)して、左上の枠内に移動する。

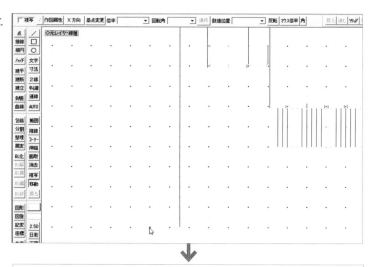

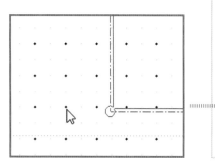

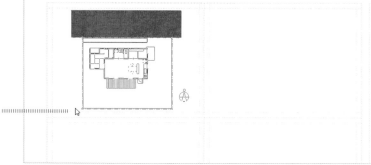

A4サイズ1枚をすべて使用するために、敷地は北側の道路を用紙の両側に伸ばします。

3 「パラメ」コマンドで、図のように範囲を選択し、コントロールバー「基準点変更」を🖱し、左上角を🖱(右)。

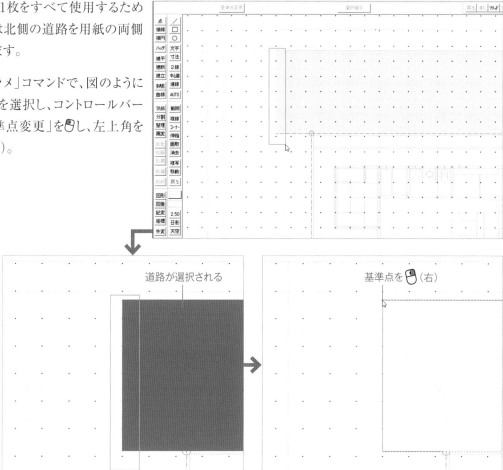

道路が選択される

基準点を🖱(右)

4 用紙枠から10mm内に入った位置の補助線の交点で🖱(右)すると、道路の左側が補助線まで延長される。
コントロールバー「再選択」を🖱して終了する。

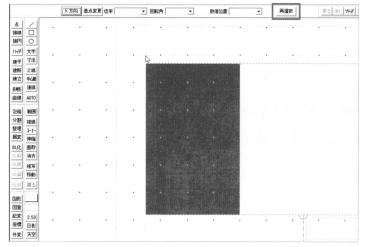

5 同様に、右の道路も伸ばす。

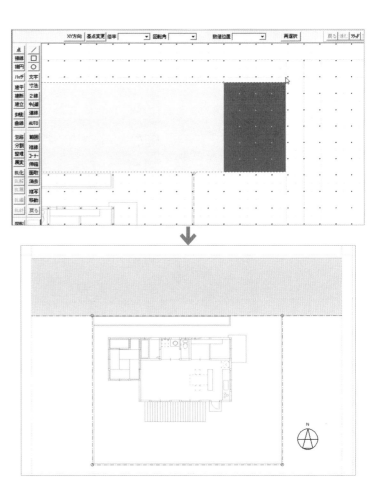

ここで、敷地の型紙に注釈を記入します。

書込レイヤグループを⓪、書込レイヤを⑤に切り替えます（縮尺1/100ならば、いずれのレイヤでもよい）。

6 レイヤグループバー⓪ を🖱（右）し、レイヤバー⑤を🖱（右）。

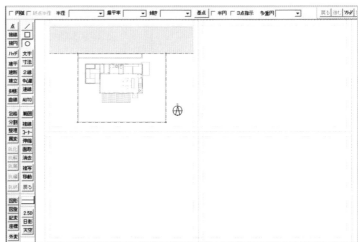

7　「文字」コマンドで、コントロールバー左端のボタンを🖱して開く「書込み文字種変更」ダイアログで文字サイズを「6」に設定したら、「5mm（77スプレー）」と入力し、平面図の中に文字を記入する。

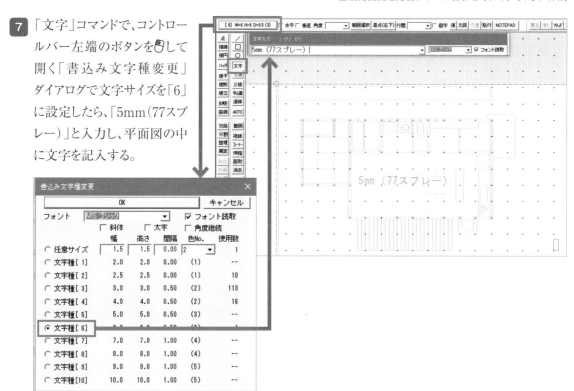

「5mm」はスチレンボード厚5mmを使用することを示し、「77スプレー」は接着したら剥がしにくい「3Mのスプレーのり77」を使用することを意味します。

記入された文字は、その上に床が乗ることで隠れるので、問題ありません。

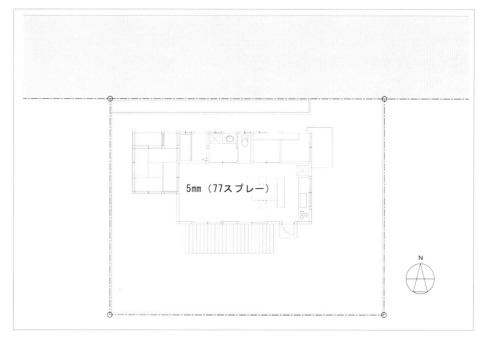

敷地の型紙用図面　　　　　　　　　　　　　　　　　　　　　　　　🆑CD CH02-17.jww

※ この敷地の型紙図面は、付録CDの「模型型紙データ」フォルダの「第2章」フォルダに収録されている「木造平家建住宅図面（模型型紙）01-03まとめ.pdf」の1ページの内容と同様です。

その他の型紙用図面も、接着する「スチレンボード厚」と「スプレーのりの種類」に合わせて、レイアウトする。スプレーのりは、「3Mの55」と「3Mの77」を使用しますが、その特徴とおもな使用部分は以下のとおりです。

〈 55スプレー（剥がしやすいタイプ）を使用する型紙用図面とスチレンボード厚 〉
- 塀、花壇縁、浴槽縁 ▶ 1mm
- 外壁、内壁、床下段、デッキ下段、勝手口、テーブル上段、自動車 ▶ 2mm
- 便器、洗濯機、冷蔵庫下段、椅子、テーブル下段、下駄箱下段、カウンター、シンク下段、洗面下段 ▶ 5mm

〈 77スプレー（剥がしにくいタイプ）を使用する型紙用図面とスチレンボード厚 〉
- 屋根 ▶ 2mm
- 床上段、デッキ上段、シンク上段、洗面上段、下駄箱上段、冷蔵庫上段、吊戸棚・換気扇、花壇底 ▶ 3mm
- 敷地 ▶ 5mm

スチレンボード厚2mmを使用する型紙用図面が多いので、それらをA4サイズ1枚にまとめる。

1 「移動」コマンドで、型紙用図面を「55スプレー」使用と「77スプレー」使用で領域を分けてレイアウトする。

2 「文字」コマンドで、注釈を記入する。

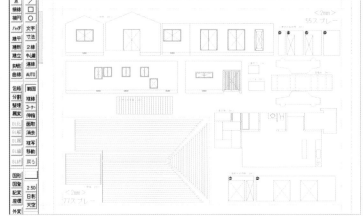

それ以外の残りの型紙用図面をA4サイズ1枚にまとめます。

3 **1** **2** と同様に、「移動」コマンドでレイアウトする。
「複写」コマンドで、余白に予備の型紙用図面を複写してもよい。

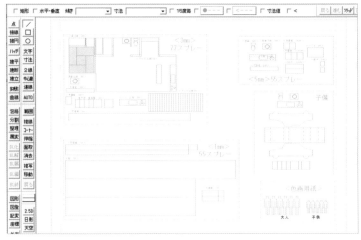

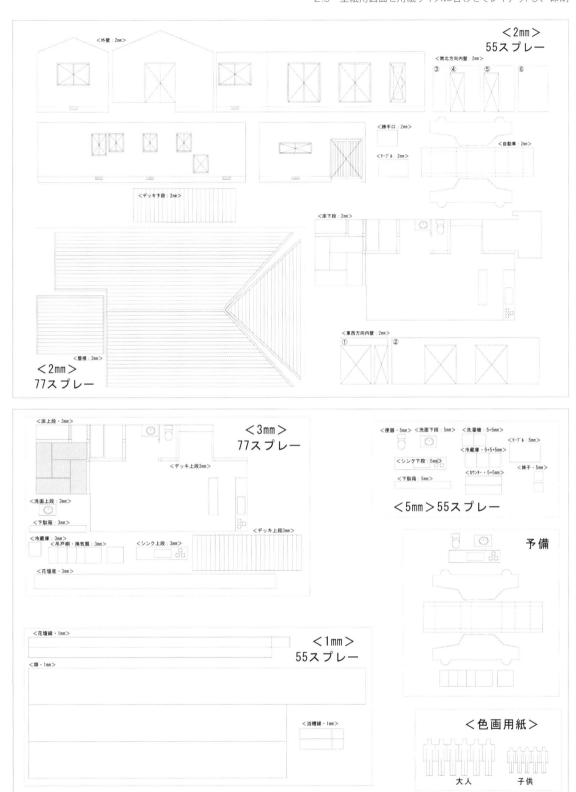

その他の型紙用図面

CH02-18.jww

※ この模型用型紙図面は、付録CDの「模型型紙データ」フォルダの「第2章」フォルダに収録され
ている「木造平家建住宅図面（模型型紙）01−03まとめ.pdf」の2〜3ページの内容と同様です。

画面はA2サイズですが、これまでの作図で型紙用図面をA4サイズにレイアウトしたので、家庭用に多いA4サイズプリンタで印刷できます。

1 「印刷」コマンドを🖱し、開く「印刷」ダイアログで、使用するプリンタを確認し、「OK」を🖱。

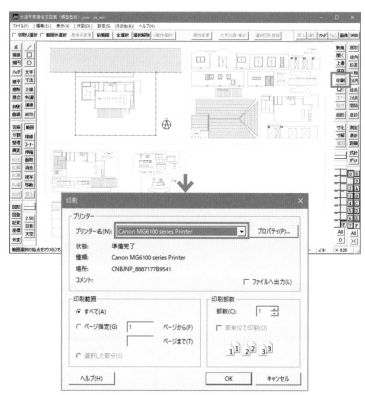

2 コントロールバー「プリンタの設定」を🖱。

3 開く「プリンターの設定」ダイアログで、「用紙」の「サイズ」で「A4」を選択し、「印刷の向き」で「横」を選択する（🖱して●を付ける）。

4 「OK」を🖱。

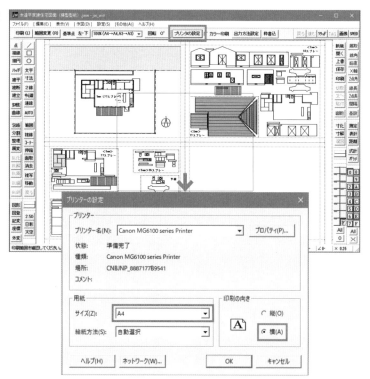

5 コントロールバー「範囲変更」を
🖱すると印刷範囲を示す赤枠が
表示されるので、左上「敷地の型
紙用図面」部分に赤枠を移動す
る。

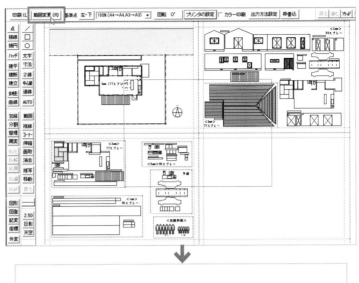

6 コントロールバー「印刷」を🖱。
これで、印刷が開始する。

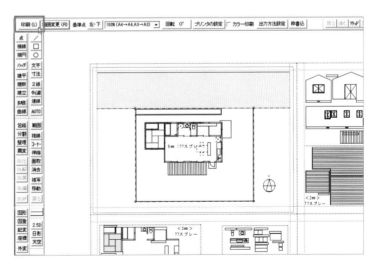

7 コントロールバー「範囲変更」を🖱
し、同様に赤枠を移動して、残り
の2枚の型紙用図面を印刷する。

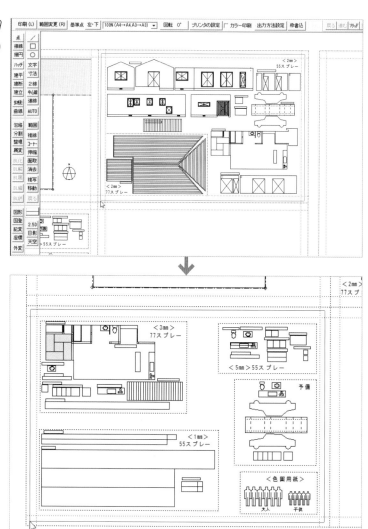

型紙から各パーツを制作して組み立て

「2.5.4　印刷」で印刷した模型の型紙をスプレーのりなどでスチレンボードに接着し、カッターナイフを使用して切断した各パーツをスチのりや木工用ボンドで接着し、組み立てます。適性に応じてパーツのスチレンボードの厚みや接着するスプレーのりが異なるので、スチレンボードに模型の型紙を接着するときには注意する必要があります。

2.6.1　**模型制作に必要な道具と材料**

建築模型をスチレンボードで制作するときに必要な道具は、以下のものです。

道具

① スプレーのり55 ▶ スチレンボードと型紙を接着する。スプレー式のりで、あとから剥がせるタイプ。

② スプレーのり77 ▶ スチレンボードと型紙を接着する。スプレー式のりで、剥がしにくいタイプ。

③ 木工用ボンド、スチのり ▶ 木材、スチレンボードどうしなどを接着する。

④ ぞうさん ▶ スチのり用の注入器。先端が曲線形状なので、狭い場所や細かい場所にも接着できる。

⑤ セロファンテープ ▶ 屋根裏などの見えない部分にスチレンボードなどを接着する。

⑥ スコヤ ▶ L字型の定規で、直角を出したり、確認するときに使用する。

⑦ 三角スケール ▶ 模型の縮尺に応じて、寸法を出すときに使用する。

⑧ スチール定規（直尺）▶ カッターナイフで型紙やスチレンボードなどを切るときに使用する。

⑨ カッターナイフ ▶ 型紙やスチレンボードなどを切るときに使用する。

⑩ ピラニアのこぎり ▶ ヒノキ棒（角材）などを切るときに使用する。刃が薄く目が細かいので切り口がきれい。

⑪ マイターボックス ▶ ピラニアのこぎりとともに使用する。
ガイドがあるので、木材やプラ棒を直線状や斜め45度にカットするのに適している。

⑫ サンドペーパー（紙やすり） ▶ スチレンボードを斜めに削るなど、細かい作業に適している。

⑬ カッティングマット ▶ カッターナイフで型紙やスチレンボードを切断するときに、下敷として使用する。

⑭ ピンセット ▶ 指が入らない狭い部分などを作業するときに使用する。

〈 材料 〉

① スチレンボード ▶ 高密度の発泡スチロール板の面に白色上質紙が貼られた発泡ボード。
建築模型の壁材・床材などに使われる。本書では次の厚さを使う。
厚さ1mm ▶ 縮尺1/100の模型の場合、厚さ100mmとなる。
厚さ2mm ▶ 縮尺1/100の模型の場合、厚さ200mmとなる。
厚さ3mm ▶ 縮尺1/100の模型の場合、厚さ300mmとなる。
厚さ5mm ▶ 縮尺1/100の模型の場合、厚さ500mmとなる。

② ヒノキ棒（角材） ▶ 日本を代表する木材の1つで、弾力性や強度、保存性に優れ、加工しやすい。
建築模型用材としても適していて、軸組模型に使用することが多い（第4章で使用）。

③ バルサ材 ▶ 南米エクアドルで採れる世界で一番軽量で軟らかい木材であり、おもに白色である。
加工しやすく、カッターナイフでも切断できるので、デッキ材などに使用する（第4章で使用）。

④ カスミ草（通称） ▶ 正式名はプリザーブドフラワー。
ドライフラワーとは異なり、本物の生花に見えるので、庭の樹木などに使用する。

⑤ グランドフォーム ▶ 着色したスポンジ素材を細かくしたもの。
草地・地面・樹木・かん木などの表現に使用する（第4章で使用）。

⑥ 色画用紙 ▶ 人物の型紙に使用する。

2.6.2 型紙から模型パーツを制作

型紙をスチレンボードに接着

「2.5.4 印刷」で印刷した模型の型紙を切り分け、スプレーのりでスチレンボードに接着します。そのとき、スチレンボードの厚みと吹き付けるスプレーのりの種類に注意します。スプレーのりは周りに飛び散るので、新聞紙などで養生したり、段ボールなどで囲いをつくってから、吹き付けるようにします。

1 「2.5.4 印刷」で印刷した模型の型紙を切り分け、スチレンボードの厚みごとに型紙を分ける。

> 本誌のサンプルでは、わかりやすくするために不要な文字も切らずに残してありますが、スチレンボードを節約するためには、必要な型紙だけを切り分けて使うことをお奨めします。

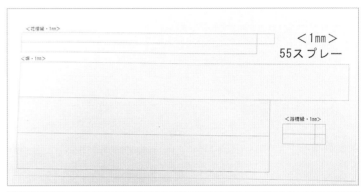

スチレンボード厚1mm

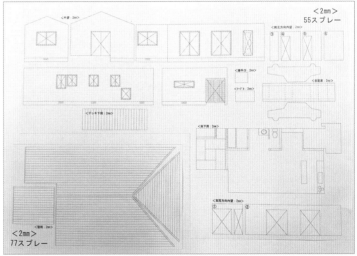

スチレンボード厚2mm

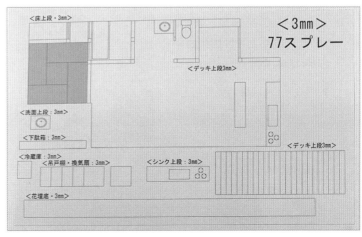

スチレンボード厚3mm

2章 ［初級編］ 木造平家建住宅 （縮尺1/100） の模型をつくる

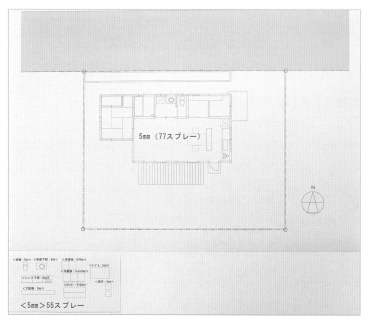

スチレンボード厚5mm

2 型紙にスプレーのりを吹き付ける。
ノズルを型紙に近づけすぎず、全体にまんべんなく均等に吹くのがコツである。

3 スプレーのりを吹き付けた型紙を、スチレンボードの所定の位置に接着する。
空気が入って型紙がしわにならないよう、中心から外周に向かって手のひらで伸ばすのがコツである。

4 カッティングマットの上にスチレンボードを置いて、スチール定規とカッターナイフを使用して、各パーツを切断する。

5 開口部の切り抜き作業も行う。

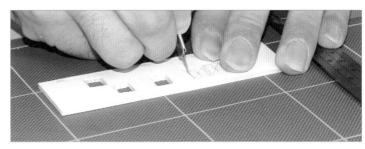

床のパーツ

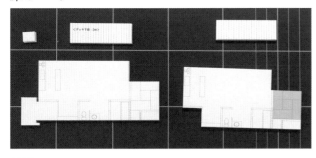

屋根のパーツ

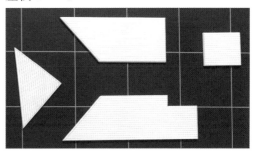

外壁のパーツ

内壁のパーツ

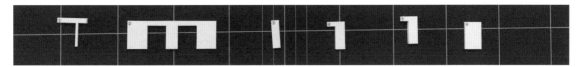

家具・衛生器具などのパーツ

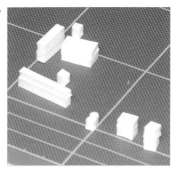

敷地・床→外壁→内壁・家具衛生器具など→屋根→外部→人・自動車の順に組み立てます。

敷地・床のパーツ

スチのりまたは木工用ボンドで、スチレンボード厚5mmの敷地の上に2mmの床を接着し、その上に3mmの床を接着します。

1 スチレンボード厚2mmの床下段を敷地にかかれた平面図の上に接着する。

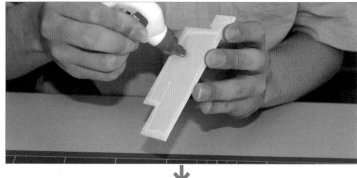

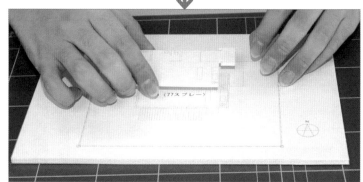

2 スチレンボード厚3mmの床上段を下段の上に接着する。このとき、下段と上段が同じ位置になるように、スコヤなどを使用して位置を合わせる。

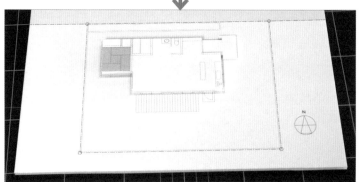

外壁のパーツ

外壁は出隅の部分で壁が重複するの
で、どちらかの壁の端の発泡スチロー
ルを壁厚2mm分を取り除き、紙だけを
残して調整する必要があります。

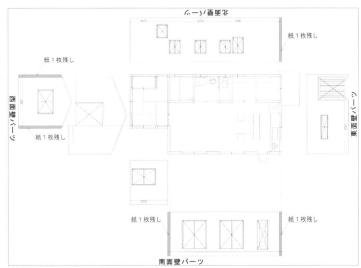

1 出隅のどちらかの壁を「紙1枚残
し」にして、壁の重複部分を調整
する。
切るときは、一気に切らずに、注意
しながら紙1枚残すようにする。

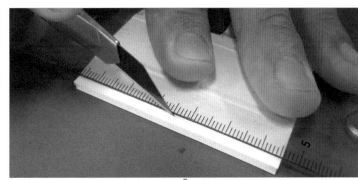

紙1枚残す ——

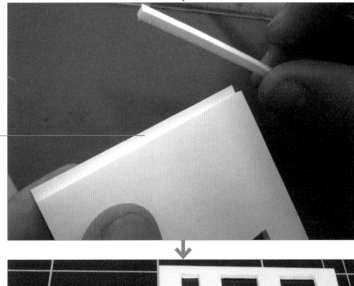

2 スチレンボードに接着されている
外壁の型紙を剥がす。

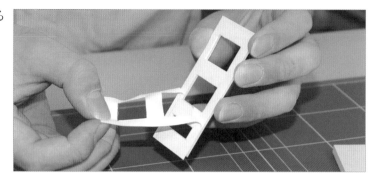

3 外壁のパーツを敷地・床に接着す
る。さらに、外壁どうしを接着す
る。

4 すべての外壁を接着して、外壁
を完成させる。

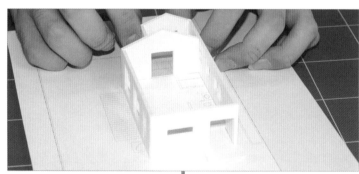

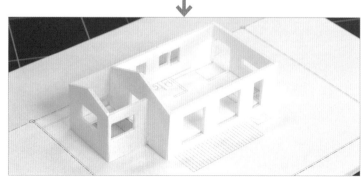

内壁・家具衛生器具などのパーツ

先に内壁を組み立てて接着してしまう
と、家具衛生器具類を入れるのが困
難になるので、内壁と家具衛生器具
類は同時に作業します。狭くなった部
分は、ピンセットを駆使します。

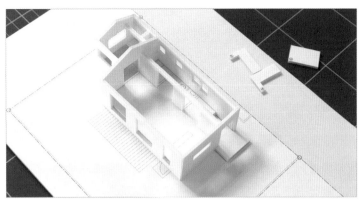

1 型紙を剥がして、はじめに家具衛
生器具類の接着に影響しない内
壁を接着する。

2 浴室の浴槽など、内壁を接着して
しまうと作業がやりにくくなる部分
を先に接着する。

3 家具衛生器具などは、スチレンボードの厚さと枚数で高さを表現するので、スチのりで決められた枚数を接着しておく。

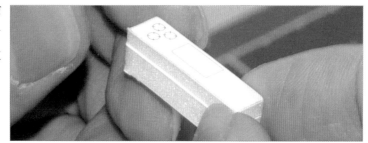

4 内壁と家具衛生器具類は、同時進行で接着する。

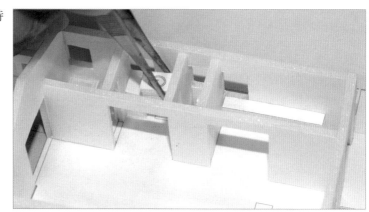

5 すべての内壁と家具衛生器具類を接着すると、内部は完成となる。

屋根のパーツ

屋根は勾配があるために、スチレンボードの小口を斜めに削ります。内側に入る部分はその場で切り口を調整する必要があります。

1 屋根どうしが接着する棟の部分の小口を、カッターナイフで斜めに切る。カッターで斜めに切るのはやや難しいので、その場合はサンドペーパーを使えばよい。

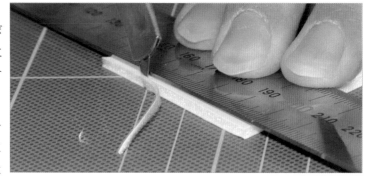

2 つながっている3つの屋根を仮止
めし、内側に入るもう1つの屋根を
調整する。

内側に入るもう1つの屋根の
おさまり

3 すべての屋根を接着して、屋根
を完成させる。
斜めに接着した部分は取れやす
いので、固まるまで仮止め用テー
プ（メンディングテープなど）で止
めておく。

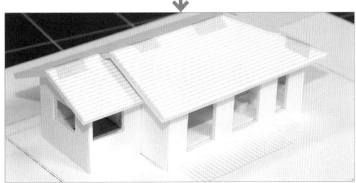

外部のパーツ

外部は、デッキ・勝手口・塀・花壇・植栽
(カスミ草)などをレイアウトします。建
物を演出する意味で重要です。

1 デッキ(スチレンボード厚
2mm+3mm)、勝手口(スチレン
ボード厚2mm)を接着する。

2 塀と花壇を取り付ける。

デッキ　勝手口

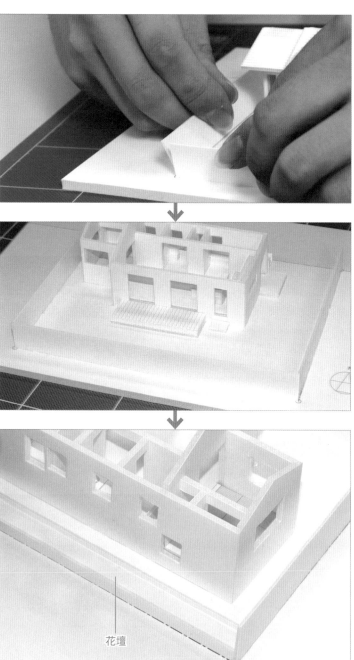

花壇

3 外部のパーツが配置できた。

4 植栽として、カスミ草を適当な大き
さに切って、花壇や庭にシャープ
ペンシルなどの先で穴をあけ、ス
チのりや木工用ボンドを付け刺し
ていく。

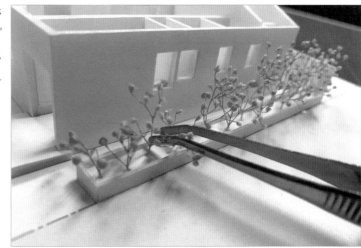

人・自動車のパーツ

1 人の型紙は、あとから剥がせるよ
うな状態で色画用紙に貼って、
線に合わせてカッターで切る。

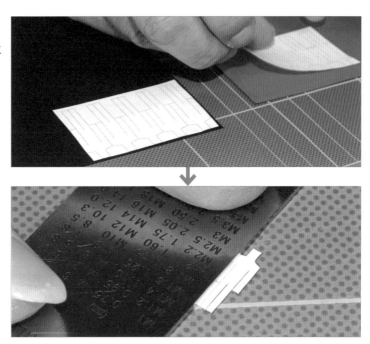

2 型紙を剥がし、動かないようにスチのりや木工用ボンドを付けて、ピンセットで適当な場所に接着する。

3 自動車のパーツを、写真のようにカッターナイフで切る。

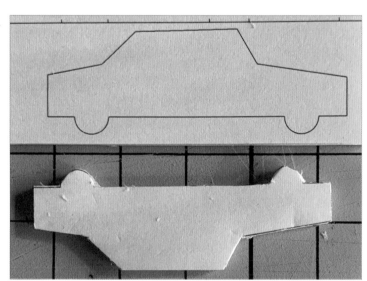

4 自動車の屋根が山折りになる部分は、スムースに曲がるように、発泡スチロールを削り取る。

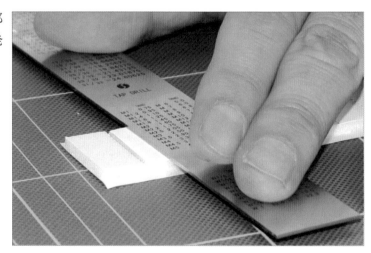

5　同様に、自動車の屋根に側面の
　パーツが入る両側2mm部分も削
　り取る（「1枚残し」にする）。

6　自動車のパーツを、スチのりや木
　工用ボンドで接着して組み立て
　る。

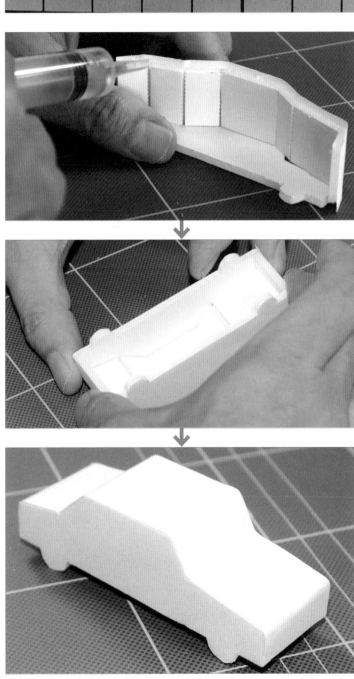

7 自動車を敷地内の駐車スペース
　に置く。
　必要に応じて、人も配置する

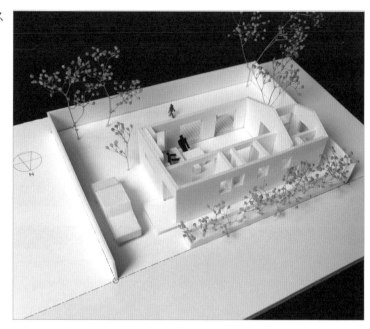

8 家の屋根をかぶせて、完成させ
　る。

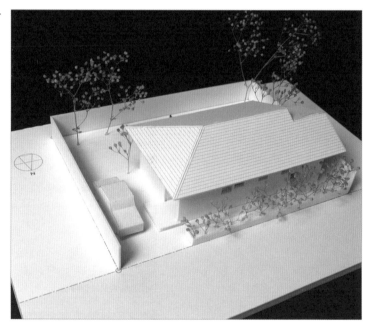

3章

［初級編］
RC造2階建事務所（縮尺1/100）の模型をつくる

この章では、あらかじめJw_cadで作図した「RC造2階建事務所」
の図面を基に、模型に必要な型紙をつくります。

配置図兼1階平面図と2階平面図を使用して 敷地と床の型紙を作図

付録CDに収録した作図済みの図面「RC造2階建事務所図面」を開き、その中の配置図兼1階平面図と2階平面図を使用して、敷地と床の型紙用図面を作図する手順を説明します。

本書で取り上げた建物例は、模型制作にバリエーションをもたせるために、柱・壁・梁の関係をすべて変えて、東西南北で外壁の見え方が異なるようにしてあります。このことをご理解されたうえで模型を制作してください。

［南壁］梁外面を壁外面と同じ位置に合わせた壁で、梁が外面に見えなくなる。

［西壁］柱面と梁面を外面で一致させ、かつ、柱芯と壁芯を一致させた壁で、柱と梁が同じ外面で見える。

［北壁］柱芯と梁芯と壁芯をすべて一致させた壁で、すべての形状が見える。

［東壁］柱面と梁面と壁面をすべて外面で一致させ、柱芯だけを動かさなかった壁で、外面に凹凸がなくなる。

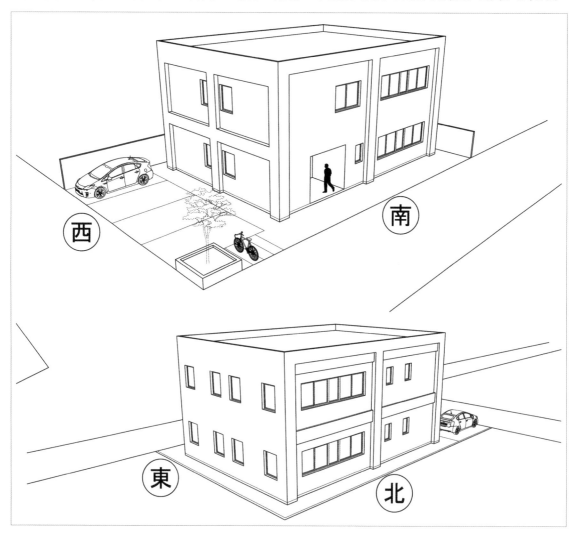

3.1.1 「RC造2階建事務所図面.jww」を開き、敷地の型紙を作図

付録CDから、作図済みのJw_cad図面を開きます。

1 付録CDを開き、「図面データ」フォルダを🖱🖱（ダブルクリック）し、切り替わった画面で「RC造2階建事務所図面.jww」を🖱🖱（ダブルクリック）。

> 付録CDに収録されている「模型型紙データ」は、最初に、右図のような用紙枠にある図面が表示されます。誌面にある図の状態は、画面表示を拡大・縮小したり、移動したり（→p.24）して確認してください。

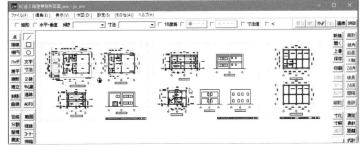

2 マウスホイール操作などで画面を縮小表示し、最初に表示された図面の右側にも他の図面があることを確認する。

この中の配置図兼1階平面図を使用して、敷地の型紙を作図します。
配置図兼1階平面図（S=1/100）だけを作図ウィンドウに表示します。

3 画面右下のステータスバーの表示が「[0-0]配置図・平面図－基準線」になっていることを確認する。

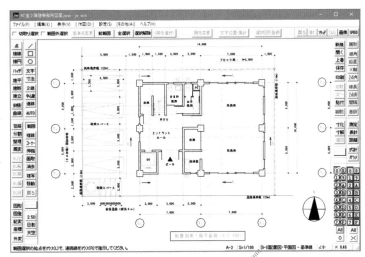

[0-0]配置図・平面図 - 基準線

4 書込レイヤ⓪を🖱(右)すると「レイヤ一覧」ウィンドウが開くので、模型の型紙に不要なレイヤが「(0) 基準線」「(5) 室名・寸法他」「(6) 梁隠れ線」であることを確認したら、右上隅の「×」を🖱する。

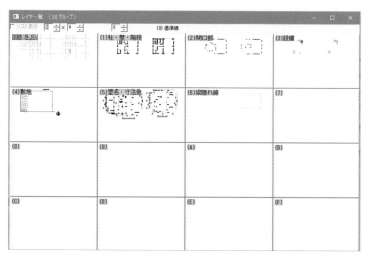

5 レイヤバー①を🖱(右)し、⓪⑤⑥をそれぞれ🖱する。作図に不要なレイヤの要素が非表示レイヤになり、敷地の型紙に必要な要素だけが残る。

レイヤ①は書込レイヤに切り替わったので、画面右下のステータスバーの表示が「[0-1]配置図・平面図−柱・壁・階段」に切り替わる。

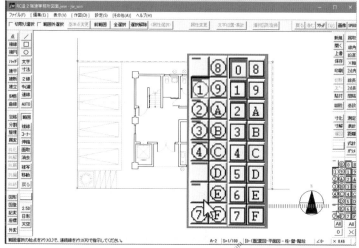

[0-1]配置図・平面図 − 柱・壁・階段

🆑CH03−01.jww

6 作業している付録CDから開いた「RC造2階建事務所図面.jww」を、パソコンのハードディスクの任意の場所に名前を変えて保存するために、「保存」コマンドを🖱。

開く「ファイル選択」ダイアログで、保存先を指定するが、ここでは「c:¥JWW」フォルダを選択し、「新規」を🖱し、開く「新規作成」ダイアログで、「名前」に「RC造2階建事務所図面(模型型紙)」を入力して、「OK」を🖱。

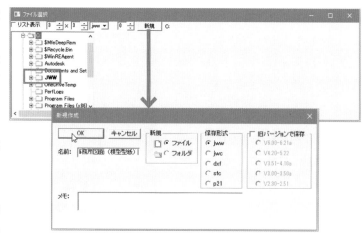

7 画面左上のタイトルバーが「RC
造2階建事務所図面（模型型
紙）」に切り替わる。

RC造2階建事務所図面（模型型紙）.jww

3.1.2　**配置図兼1階平面図を複写し、さらに1階平面図を複写**

敷地の型紙は、元の図面の原形を残
して別の場所に複写します。

1 「複写」コマンドで、配置図兼
1階平面図を選択し、コントロー
ルバー「基準点変更」を🖱し、
平面図の左上柱の中心にあるグ
リッドを🖱（右）。
コントロールバー「任意方向」を
1回🖱すると「X方向」に切り替わ
るので、左方向に平行移動する。

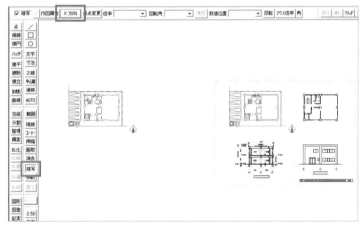

2 任意のグリッドで🖱（右）し、図を複
写する。
適当なコマンド（ここでは「範囲」
コマンド）を🖱し、複写操作を終了
する。

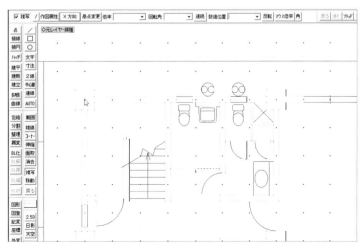

3 再び、「複写」コマンドで、平行複写した図の1階平面図の部分を選択し、コントロールバー「基準点変更」を🖱。

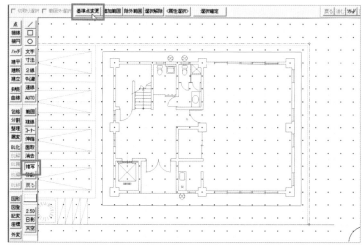

4 平面図の左上柱の中心にあるグリッドを🖱（右）し、図のように、1階平面図を右側に平行複写する。グリッドは拡大すると表示される。

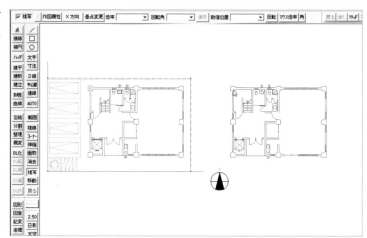

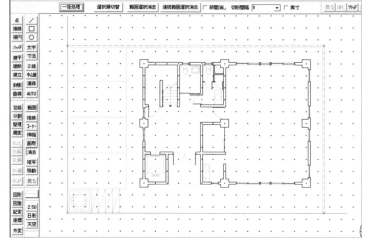

CH03−02.jww

3.1.3　敷地の型紙を作図

複写した配置図兼1階平面図から敷地の型紙を作成します。
型紙に不要な自動車や自転車の線と、壁の外にある換気扇記号を消去します。

1 作図ウィンドウに複写した配置図兼1階平面図を表示する。
「範囲」コマンドで自動車と換気扇を選択し、「消去」コマンドで消去する。

2 「消去」コマンドで、自転車の線
を1本ずつ🖑(右)して消去する。
これで敷地の型紙が完成であ
る。

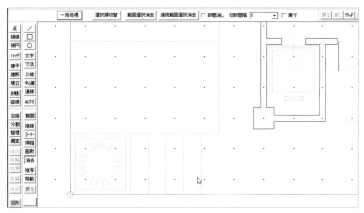

CH03–03.jww

3.1.4　1階床の型紙を作図

複写した1階平面図から、1階床の型
紙に不要な換気扇記号と室内の建
具を消去します。外壁とその開口部、
外側にはみ出した柱線も消去します。
さらに、階段の省略線も消去し、省略
された踏面を復活させます。

1 作図ウィンドウに複写した1階平
面図を表示する。
「範囲」コマンドで換気扇記号と
室内の建具を選択し、「消去」コ
マンドで消去する。

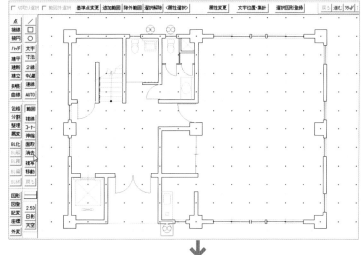

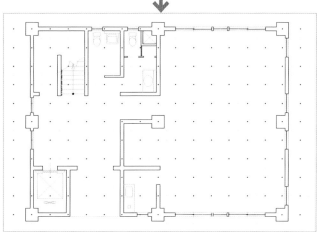

2 「範囲」「消去」「コーナー」「伸
縮」コマンドなどで、階段の省略
線を消去し、省略した踏面を復活
させ、上り方向の矢印と手すり線
も消去する。
また、外壁とその開口部、外側に
はみ出した柱線も消去し、最後
に、内壁に沿って外枠の線をか
いておく。

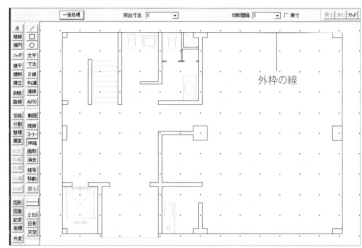

外枠の線

🔵CH03-04.jww

3.1.5　2階床の型紙を作図

2階平面図を1階の型紙の下あたり
に複写して2階床の型紙を作成しま
す。

1 「複写」コマンドで、2階平面図を
選択し、コントロールバー「基準点
変更」を🖱。

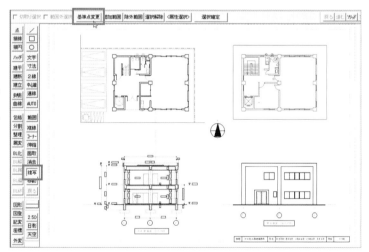

2 任意のグリッド（ここでは左上柱
の中心のグリッド）を🖱（右）。

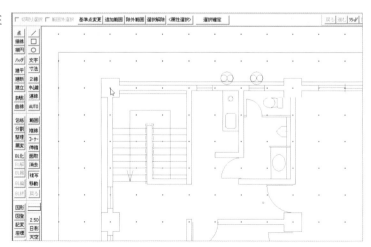

3 「複写」コマンドで、コントロールバーを「任意方向」に切り替え、1階床の型紙の下側の任意のグリッドを🖱️（右）し、適当なコマンド（ここでは「範囲」）を🖱️して、複写を完了する。

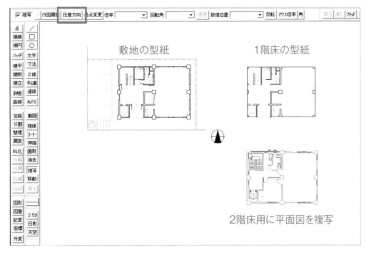

敷地の型紙　　　1階床の型紙

2階床用に平面図を複写

4 1階床の型紙の場合と同様に、「範囲」コマンドで、換気扇記号・建具・外壁線・外側の柱線・外側の梁見えがかり・階段・エレベーターピットを消去する。

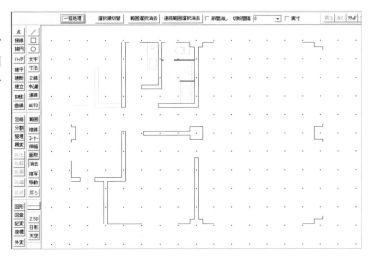

5 「コーナー」コマンドなどで、図のように階段周辺を整えて、外枠の線を作成する。

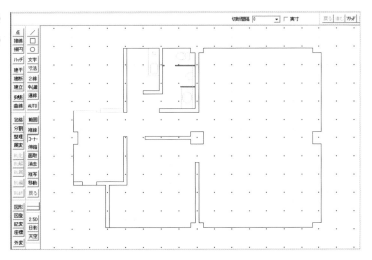

型紙を切るときの精度を上げるために、床の型紙（敷地の型紙の平面図も含む）を「線色1」の細線に統一します。

6 「範囲」コマンドで、2つの床型紙と敷地の型紙の平面図を選択し、コントロールバー「属性変更」を🖱️。

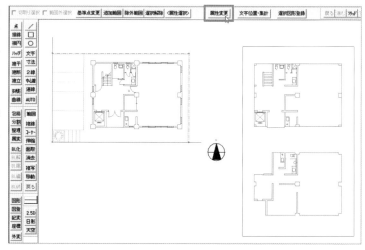

7 「指定【線色】に変更」にチェックを付け、開く「線属性」ダイアログで「線色1」を🖱️し、「Ok」を🖱️。
元のダイアログで「OK」を🖱️すると、3つの床がすべて「線色1」に切り替わる。

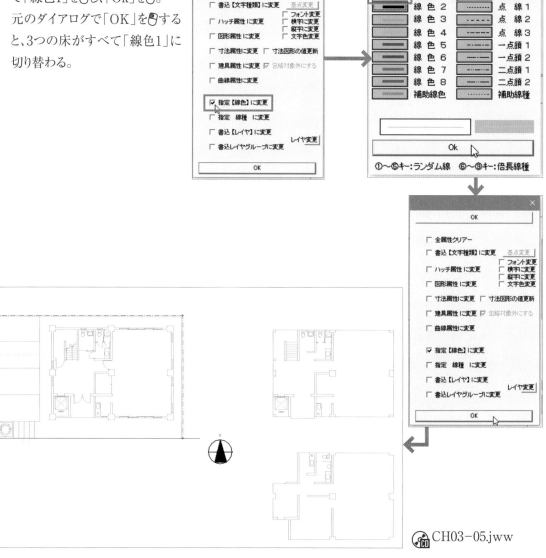

CH03-05.jww

立面図・断面図・平面図を使用して
壁の型紙を作図

前節「3.1　配置図兼1階平面図と2階平面図を使用して敷地と床の型紙を作図」に続けて、4種類の立面図と3種類の断面図を使用して外壁の型紙を、平面図を使用して内壁の型紙を、それぞれ作図します。

3.2.1　外壁の型紙を作図

外壁の型紙は、壁だけでなく、柱と梁も含まれるので、「外」「中」「内」の3枚の型紙を作図します。

壁厚は平面図で200mmなので、縮尺1/100の模型としてスチレンボード厚2mmを使用します。したがって、柱は3枚重ねて6mmになります。平面図で柱は700mmとなっているので7mm必要ですが、縮尺1/100で1mmの誤差はそれほど影響がないこととします。

下図は、2階平面図の外壁を色分けした図です。

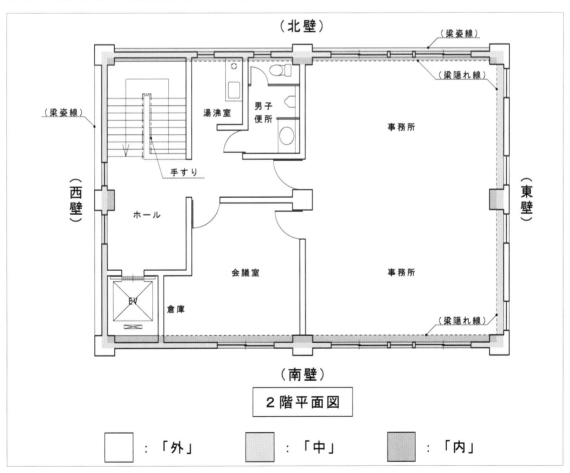

本書の例題に取り上げた建物は東西南北で壁・柱・梁の位置がすべて異なるので、作図前に下図のパースを見て建物の外観をイメージしておいてください。

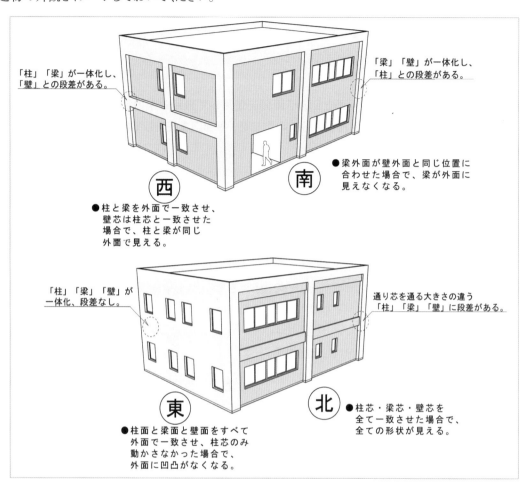

「柱」「梁」が一体化し、「壁」との段差がある。

「梁」「壁」が一体化し、「柱」との段差がある。

西　南

●梁外面が壁外面と同じ位置に合わせた場合で、梁が外面に見えなくなる。

●柱と梁を外面で一致させ、壁芯は柱芯と一致させた場合で、柱と梁が同じ外面で見える。

「柱」「梁」「壁」が一体化、段差なし。

通り芯を通る大きさの違う「柱」「梁」「壁」に段差がある。

東　北

●柱面と梁面と壁面をすべて外面で一致させ、柱芯のみ動かさなかった場合で、外面に凹凸がなくなる。

●柱芯・梁芯・壁芯を全て一致させた場合で、全ての形状が見える。

まずは、東西南北の立面図を複写して、型紙用に使用する準備をします。

1　レイヤグループのボタン②を🖱（右）して、書込レイヤグループに切り替える。
　　レイヤバー①を🖱（右）して、書込レイヤに切り替える。

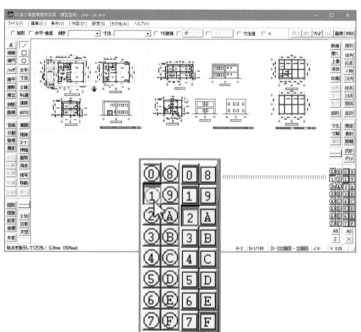

2　「複写」コマンドで、東西南北の立面図をそれぞれ図の位置付近に複写し、まとめる。

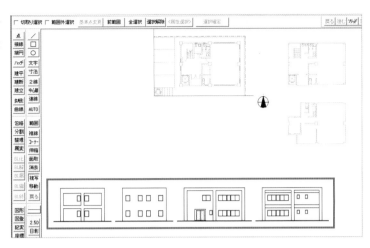

3　任意の立面図の地面を拡大表示する。
「範囲」「消去」コマンドで、型紙に不要な地面の線を、上の1本だけを残してすべて消去する。
図は西立面図だが、他の立面図も同様に消去する。

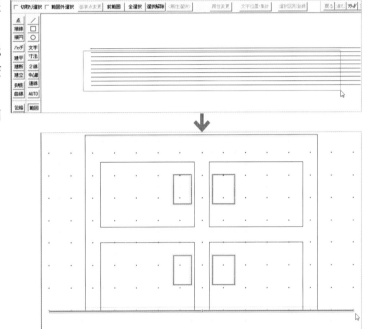

4　「伸縮」コマンドで、地面の線を壁の線まで短くする。
同様に、他の立面図も下端の延長線を短くする。

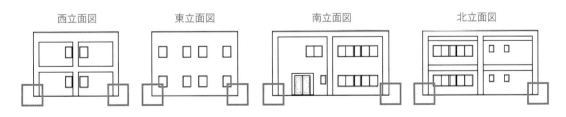

西立面図　　　　東立面図　　　　　南立面図　　　　　北立面図

型紙を切るときの精度を上げるために、立面図（壁型紙）を「線色1」の細線に統一します。

5 「範囲」コマンドで、4つの立面図（壁型紙）を選択し、コントロールバー「属性変更」を🖱。

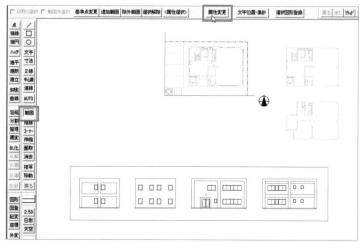

6 開くダイアログで、「指定【線色】に変更」にチェックを付け、開く「線属性」ダイアログで「線色1」を🖱し、「Ok」を🖱。
元のダイアログで「OK」を🖱すると、4つの立面図（壁型紙）がすべて「線色1」に切り替わる。

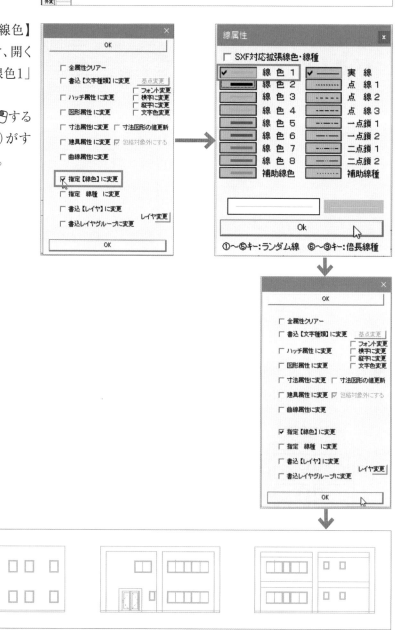

今回の模型制作では、外・中・内の3種類の型紙が必要になります。

7 「複写」コマンドで、4つの立面図それぞれを、図のように2つずつ複写する（グリッドを利用して位置を合わせておく）。

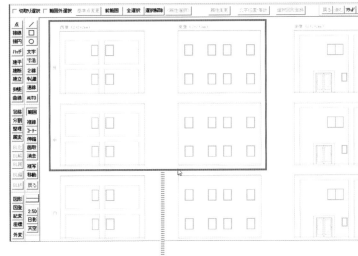

8 外・中・内と西壁・東壁・南壁・北壁の区別をつけるために、それぞれの図の近くに文字を記入する。
壁はスチレンボード厚2mmを3枚重ねるので「（2+2+2mm）」の注釈も記入する。

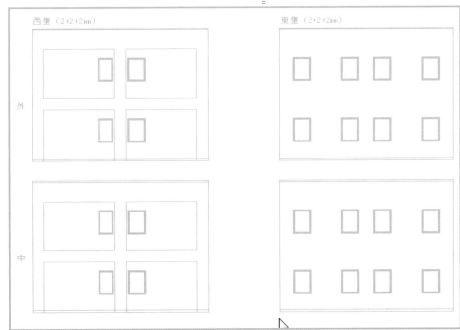

CH03-06.jww

次から、それぞれの外壁の型紙を順に制作していきます。
図では、左から、西立面図、東立面図、南立面図、北立面図の順に並んでいるので、この順にしたがって、西壁→東壁→南壁→北壁の順に制作します。

西壁の型紙

西立面図は、B−B断面図のX_0通りになります。

下図は、西立面図と平面図と断面図との関係を示したものです。柱と梁を外面で一致し、壁芯は柱芯と一致した場合で、柱と梁が同じ外面で見えます。このことを踏まえて西壁の外側の型紙を制作します。

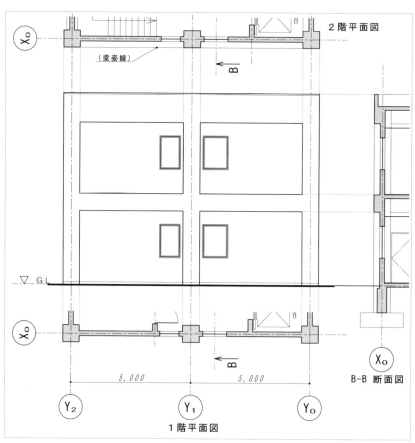

まず、西壁の外側を作図します。柱と梁が外面で同じ位置で揃っているので、この部分が外側の型紙になります。引っ込んでいる壁は型紙としては不要な部分になるので、グレーで塗りつぶします。

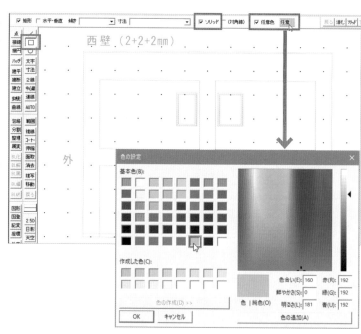

1 作図ウィンドウに西壁の外側を表示する。

「□」コマンドで、コントロールバー「ソリッド」と「任意色」にチェックを付けたら、コントロールバー「任意□」を🖱。

2 開く「色の設定」ダイアログで、薄いグレーを🖱し、「OK」を🖱。

3 不要な壁の角を🖱(右)し、その対
角線の角を🖱(右)して、グレーを
塗る。

このグレー部分は型紙としては
不要なので、切り抜くことを示す。

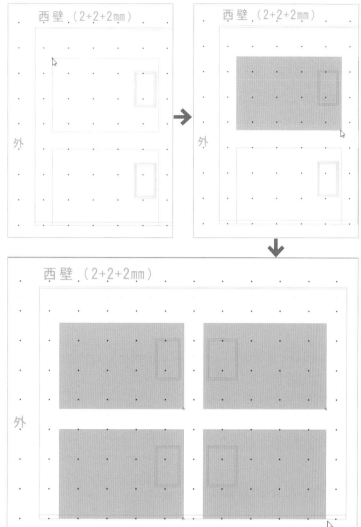

次に、中側を作図します。中側は、壁・
梁・柱がすべて必要ですが、両側に重
なる外壁分の200mmが不要なので
線をかいてグレーに塗ります。

さらに、パラペット高500mmとスラブ厚
150mmの合計650mm分（B-B断面
図を参照）も不要なのでグレーに塗る
ための線をかきます。

4 作図ウィンドウに西壁の中側を表
示する。

「線色1」に切り替え、「複線」コ
マンドで、左右の壁線から200
mm内側に線をかく。

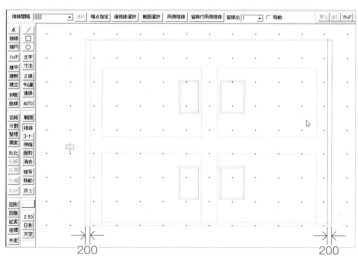

5 「複線」コマンドで、最上部の線から650mm下側の線をかく。

6 **3**のように、「□」コマンドで、不要となる図の部分をグレーに塗りつぶす。

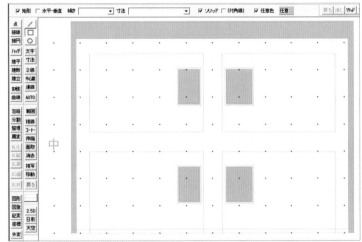

最後に、内側を作図します。内側は柱だけになり、両側に重なる外側壁と中側壁の合計400mm分が不要なので、その部分に線をかきます。
開口部と梁も不要なので、消去します。

7 作図ウィンドウに西壁の内側を表示する。
「複線」コマンドで、左右の壁線から400mm内側に線をかく。

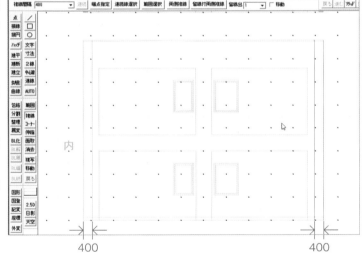

8 「範囲」コマンドで開口部と梁を選択し、「消去」コマンドを🖱。

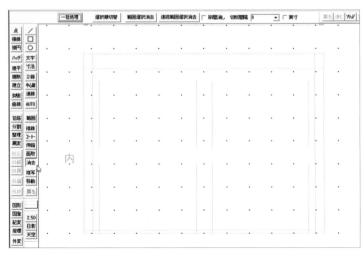

⑨ 図のように、「伸縮」「コーナー」コマンドで、柱の線をつなげる。

⑩ ③のように、「□」コマンドで、不要となる柱以外の部分をグレーに塗りつぶす。

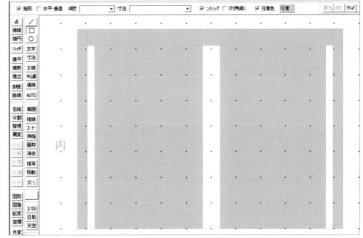

東壁の型紙

東立面図は、B–B断面図のX_2通りになります。

下図は、東立面図と平面図と断面図との関係を示したものです。壁と柱と梁を外面で一致させ、柱芯だけを動かさなかった場合で、外面に凹凸がなくなります。このことを踏まえて東壁の型紙を制作します。

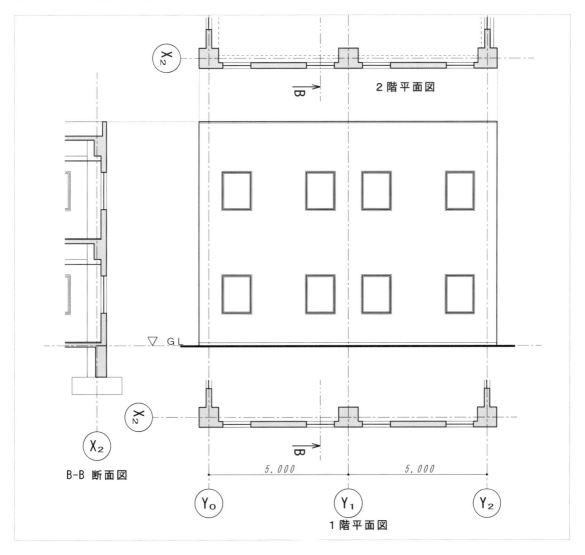

2階平面図

B–B 断面図

1階平面図

3章 [初級編] RC造2階建事務所（縮尺 1/100）の模型をつくる

東壁の外側から作図します。

外側は、「壁」「柱」「梁」が外面ですべて揃っているので、全面を使用します。開口部だけが不要になるので、開口部をグレーに塗りつぶします。

1 作図ウィンドウに東壁の外側を表示する。

「□」コマンドで、開口部をグレーに塗りつぶす。

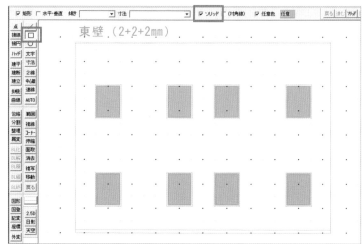

次に、中側を作図します。

中側は、開口部が不要なので消去します。壁はなくなり、柱と梁だけが残るので、西壁の中側の線から複写します。

2 作図ウィンドウに東壁の中側を表示する。

「範囲」コマンドですべての開口部を選択し、「消去」コマンドで開口部を消去する。

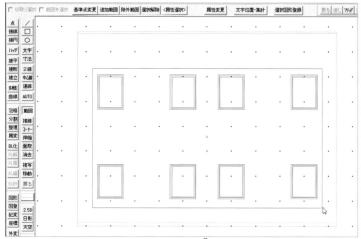

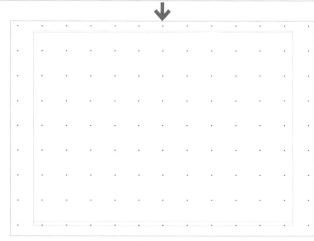

3 作図ウィンドウに西壁の中側を表示する。

「複写」コマンドで、柱と梁の線を選択し、コントロールバー「基準点変更」を🖱。

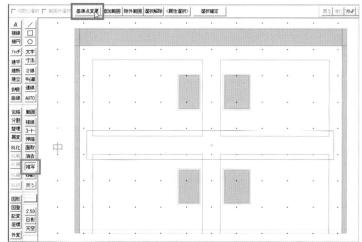

4 建物左上角を🖱（右）して、基準点を変更する。

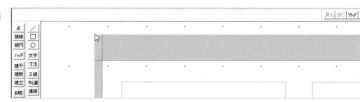

5 東壁の中側の図に戻り、同じ角を🖱（右）して複写する。

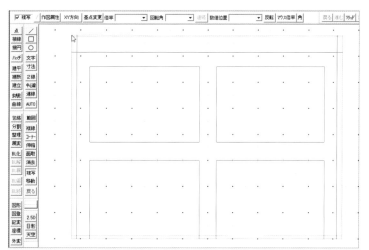

2階床が乗る梁を200mm（スチレンボード厚2mm分）狭くします。

6 「複線」コマンドで、2階床部分の梁を選択し、下方向に200mmの複線をかく（2カ所）。

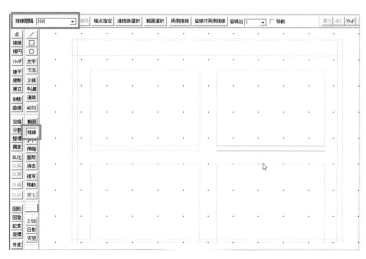

7 「伸縮」コマンドで 6 でかいた線まで柱の線を伸ばし、「□」コマンドで柱と梁以外の不要な部分をグレーに塗りつぶす。

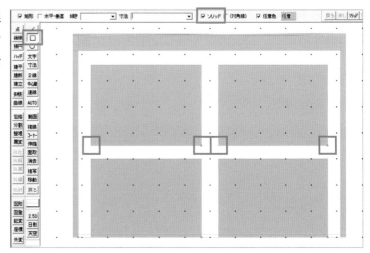

内側の壁は柱だけを残し、西壁の内側の壁とまったく同じにします。

8 「消去」コマンドで東壁の内側部分を消去し、その位置に「複写」コマンドなどで西壁の内側部分を複写する。

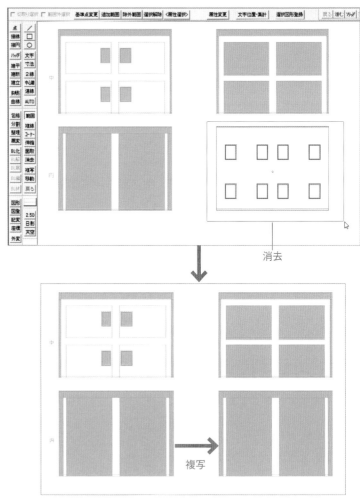

消去

複写

南壁の型紙

南立面図は、A−A断面図のY₀通りになります。

下図は、南立面図と平面図と断面図との関係を示したものです。梁外面が壁外面と同じ位置に合わせた場合で、梁が内側に入って外面に見えません。したがって、柱とパラペット部だけが外側に出てきます。

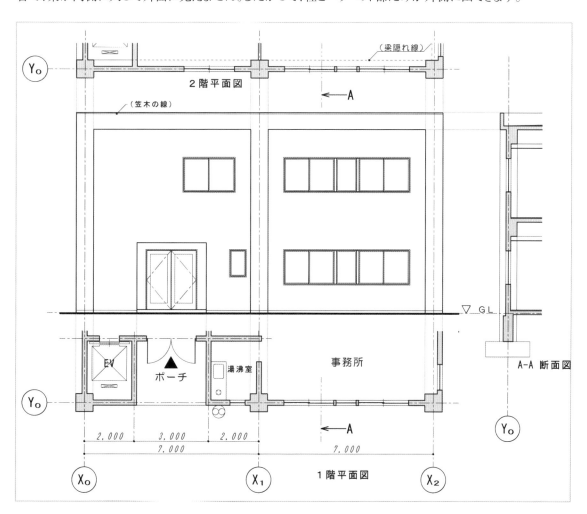

南壁の外側を作図します。

外側は、柱とパラペット部だけが出るので、それ以外は、これまでと同様に、グレーに塗りつぶします。

1 作図ウィンドウに南壁の外側を表示する。

「□」コマンドで、柱とパラペット部以外をグレーに塗りつぶす。

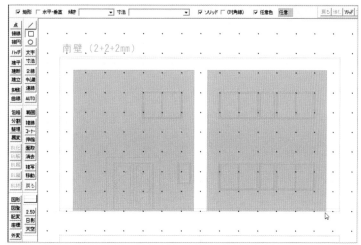

南壁の中側を作図します。

中側は壁・梁・柱のすべてが必要ですが、外側壁の厚み200mm分が不要なので、両側で消去します。ここでは、その線をかきます。

2 作図ウィンドウに南壁中側を表示する。
「複線」コマンドで、200内に入った線を両側にかく。

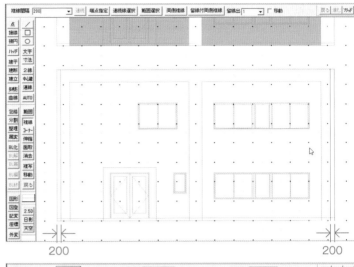

断面図を参照すると、パラペット高500mmとスラブ厚150mmの合計650mm分も不要です。この部分が図の線の位置になるので、ここを1本の線にします。

3 「伸縮」「コーナー」コマンドなどで、図のような1本の線にする。

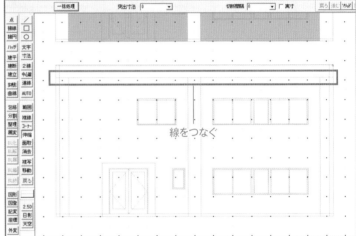

線をつなぐ

4 「□」コマンドで、開口部も含めて不要な部分をグレーに塗りつぶす。

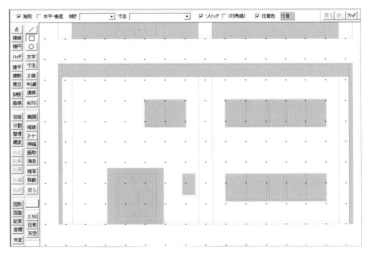

南壁の内側を作図します。

内側は、左右にある柱部分は西壁と東壁でかいているので、南壁では不要になり、中央の柱のみが残ります。

梁も作図し、1階の梁は2階床の厚み分を減らして作図します。

開口部は消去します。

5 作図ウィンドウに南壁の内側を表示する。

「範囲」「消去」コマンドで、開口部を消去する。

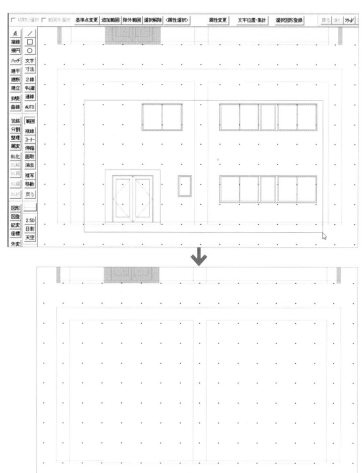

次に、梁を右にある「北壁」を利用して作図します。

6 「／」コマンド（水平・垂直にチェック付き）で、北壁の梁から水平線をかく。

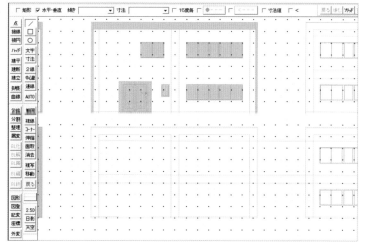

7 「伸縮」「消去」コマンドなどで、図のように線を整えます。

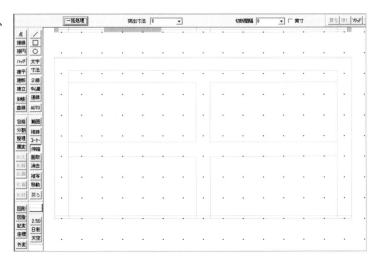

1階の梁を2階床の厚み200mm（スチレンボード厚2mm）分狭くします。

8 「複線」コマンドで2階床部分の梁を選択し、下方向に200の複線をかいたら、「コーナー」コマンドで角を整える（各2カ所）。

9 「□」コマンドで、柱と梁以外をグレーに塗りつぶす。

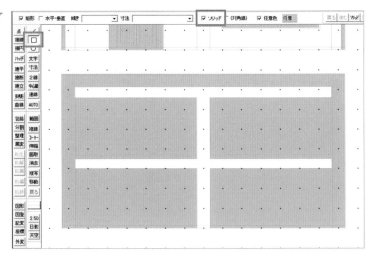

北壁の型紙

北立面図は、A−A断面図のY₂通りになります。

下図は、北立面図と平面図と断面図との関係を示したものです。柱芯・梁芯・壁芯をすべて一致させた場合で、外からすべての形状が見えます。

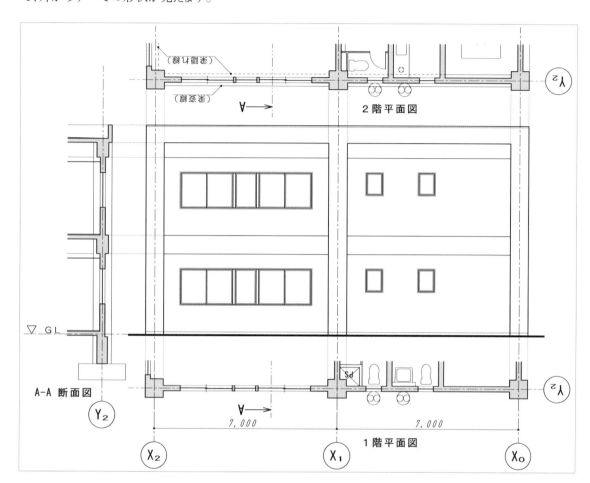

北壁の外側を作図します。

外側は、柱とパラペット部だけが外側に出るので、それ以外を塗りつぶします。

1 作図ウィンドウに北壁の外側を表示する。

「□」コマンドで、柱とパラペット以外をグレーに塗りつぶす。

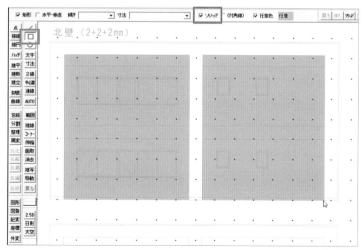

北壁の中側を作図します。

中側は壁・梁・柱のすべてが必要ですが、外側壁の厚み200mm分が不要なので両側で消去します。ここでは、その線をかきます。

2 作図ウィンドウに北壁の中側を表示する。
「複線」コマンドで、200内に入った線を両側にかく。

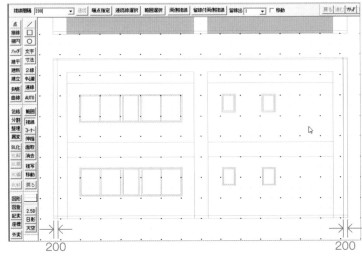

パラペット高500mmとスラブ厚150mmの合計650mm分も不要なので、グレーに塗りつぶすため、図の線をつなぎます。

3 「伸縮」「コーナー」コマンドなどで、図のような1本の線にする。

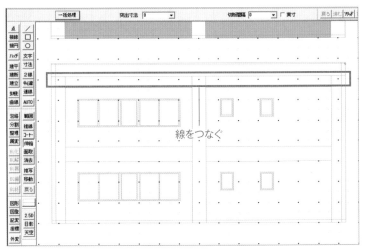

梁は壁から出っ張っているが、柱より引っ込んでいます。模型では、ここにスチレンボード厚1mmを使用して別に梁の型紙をつくって貼るので、注釈を記入します。

4 「文字」コマンド（ここでは文字種[2]）で、梁に「スチレンボード1mm貼る」を記入する。

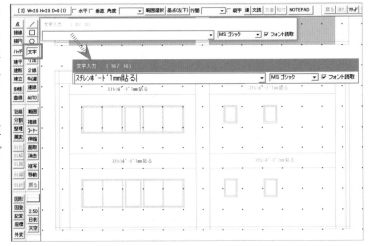

5 「□」コマンドで、開口部と図の外周部をグレーに塗りつぶす。

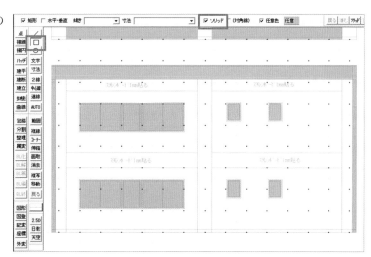

北壁の内側を作成します。

内側は南壁の内側と同様に柱は中央だけが残ります。梁は柱より引っ込んでいるので、別途スチレンボード厚1mmを使って作成しますが、その梁の形はここで作図しておきます。1階の梁は2階床の分200mm下げます。

また、階段部分は床がないので下げる必要がありません。その調整も行います。

6 作図ウィンドウに北壁の内側を表示する。

「範囲」「消去」コマンドで、開口部を消去する。

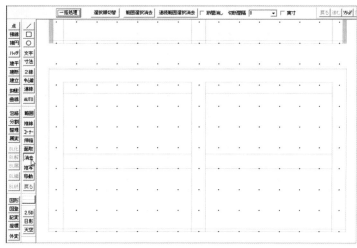

ここで、1階の梁を200mm（スチレンボード厚2mm分）狭くします。

7 「複線」コマンドで、2階床部分の梁を選択し、200の複線を下方向にかく（2カ所）。

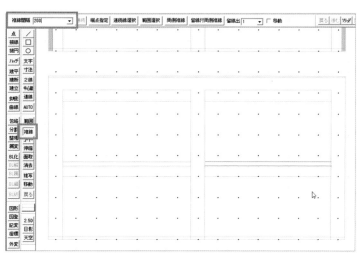

3章 ［初級編］RC造2階建事務所（縮尺1/100）の模型をつくる

149

2階床の階段部には床がないため、この部分の梁は200mm狭くする必要がないので、平面図でこの部分の寸法を測定して処理します。

8 作図ウィンドウに1階平面図の階段部を拡大表示する。
「測定」コマンドで平面図の該当部分を測定して、2550mmであることを確認する。

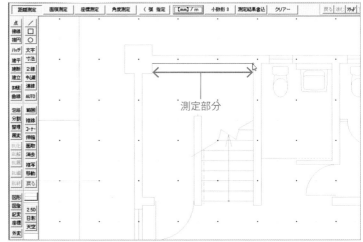

9 北壁の内側の図に戻り、「複線」コマンドで、右の柱から内側に2550の複線をかく。

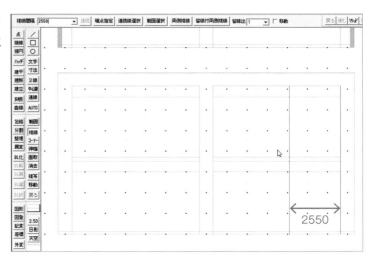

10 「コーナー」「伸縮」コマンドなどで、図のように階段部の梁の線を整える。

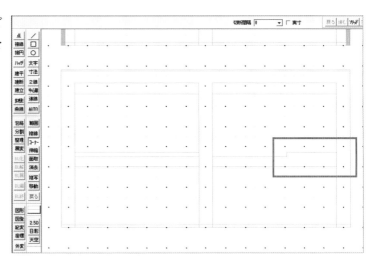

11 「□」コマンドで、中央の柱以外をグレーに塗りつぶす。

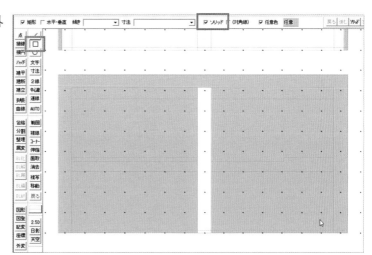

ここで、スチレンボード厚1mmを使用する梁だけの型紙を制作します。

外に見える梁は中側の図を利用し、内に見える梁は内側の図を利用します。

12 作図ウィンドウに北壁の中側の図を表示する。

「範囲」コマンドで、コントロールバー「切取り選択」にチェックを付け、図の梁を選択する。

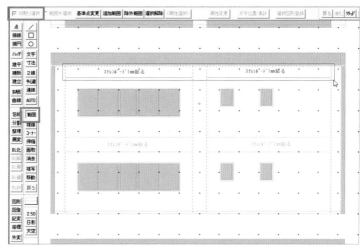

13 「複写」コマンドで、コントロールバー「任意方向」→「Y方向」に切り替え、北壁の内側の図の下に梁を複写する。

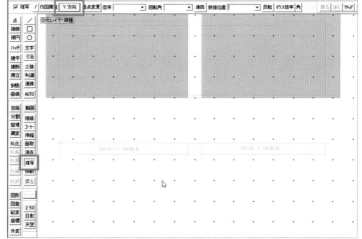

14 同様に、その下に同じ梁を複写し、さらに内側の図の梁も複写する。

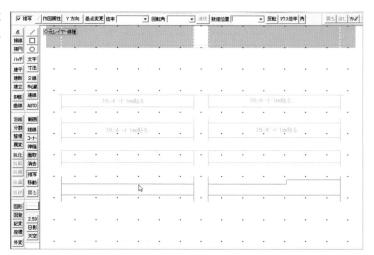

15 「伸縮」「コーナー」「消去」コマンドなどで、文字を消去し、線を整える。

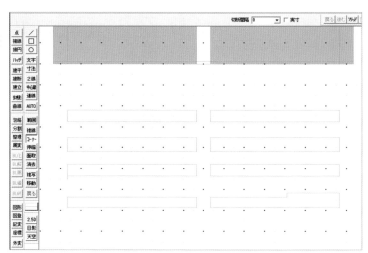

これで、すべての外壁の型紙の作図が完了です。

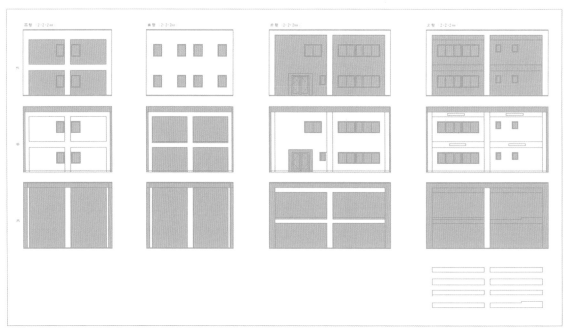

CH03-07.jww

3.2.2 内壁の型紙を作図

内壁の型紙は平面図を利用し、下図と次ページの図に示した2枚の内壁キープラン「RC造2階建事務所（模型の型紙）キープラン」を参考にして制作します。

壁の厚さは、図面で200mmになっているので、縮尺1/100ではスチレンボード厚2mmを使用します。ただし、便所のトイレブースはスチレンボード厚1mmを使用します。高さは、床から天井までの高さ（天井高）2700mmで制作します。出入りできる開口部の高さは、断面図でも視認できるように、すべて2000mmとします（玄関だけは2300mm）。

型紙をわかりやすくするために、以下のように、それぞれの内壁に番号を付けています。

- 1階の内壁は、東西方向の壁を ①〜⑤　　南北方向の壁を ⑥〜⑪
  トイレブースをまとめて t1
- 2階の内壁は、東西方向の壁を a 〜 e　　南北方向の壁を f 〜 j
  トイレブースをまとめて t2

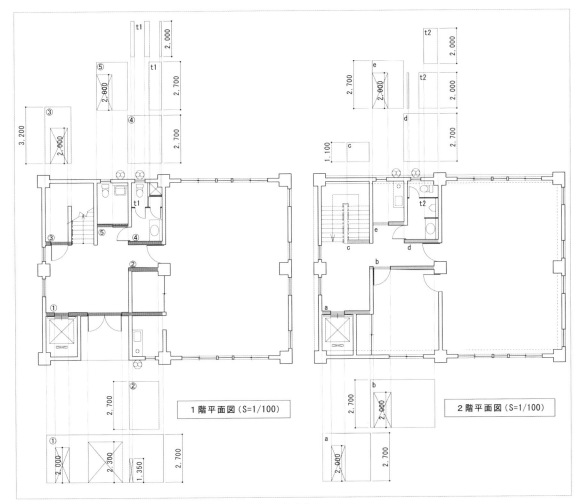

RC造2階建事務所（模型の型紙）キープラン［東西方向］

1,800　1,800　　2,700　　　2,700　　　　　　　　　　　　　　2,700　　2,700

200

⑧　　　　⑨

⑥

⑥

2,000

⑧

⑥　　⑨　⑨

t1

⑪

⑪

2,000

2,000

2,000

2,000

2,700　　1,350

⑩

2,000

⑦

⑦　　　⑩

⑪

⑪

1階平面図（S=1/100）

2,700　　　　　　　　　　　　　　2,700　　2,700

g

q

j

2,000

b0

2,000

2,000

h

2,700

f

2,000

2階平面図（S=1/100）

RC造2階建事務所（模型の型紙）キープラン［南北方向］

作図の準備

内壁を作図するために、1階平面図と
2階平面図を任意の場所に複写します。

1 作図ウィンドウに配置図兼1階平
面図と2階平面図を表示する。
「複写」コマンドで、1階平面図と
2階平面図をまとめて選択する。
コントロールバー「基準点変更」
を🖱し、適当なグリッドを🖱（右）し
て基準点を変更したら、任意の
場所（本書では用紙枠の下側）
に複写する。
内壁は1階平面図と2階平面図
の周辺に作成するので、複写後
2つの図を少し離しておく。

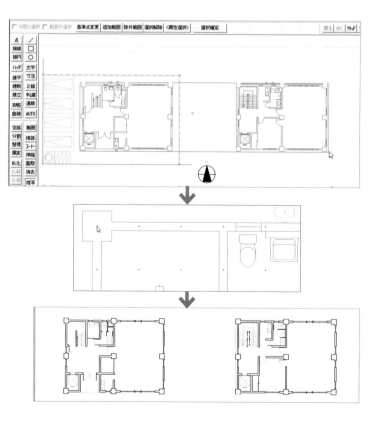

1階平面図による内壁の作図

1階平面図のキープランを参考にして、1階の内壁を作図します。
まず、1階平面図の内壁①と②を作図します。

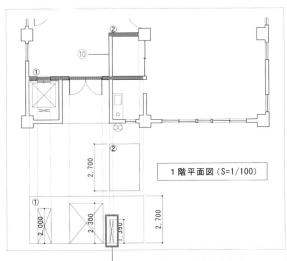
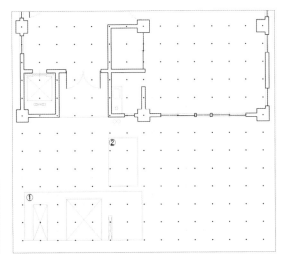

1階平面図（S=1/100）

── 内壁①は内壁⑩と交差するので、半分の溝を空ける

1 右図を参考に内壁①を作図する。

　エレベータ開口部は高さ2000mmなので、「複線」コマンドで床から開口部高さ2000の線を作図し、「コーナー」コマンドなどで開口部の形を整える。

　玄関開口部は高さ2300mmなので、同様に開口部高さ2300の線を作図し、開口部の形にする。

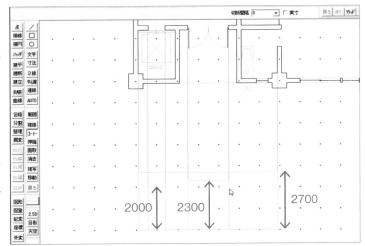

内壁①は内壁⑩と直角で交差しているので、模型の組み立てのために交差部の半分に切り込み用の線をかきます。

2 「／」コマンドで、平面図の内壁⑩から縦線をかく。

　「中心線」コマンド（→p.94）で床線と天井線の中心線をかき、「コーナー」コマンドで整える。

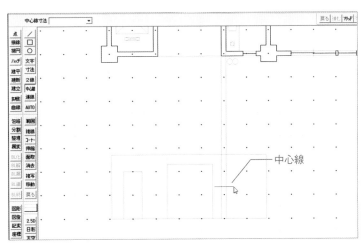

155

3 「／」コマンドで切り抜く開口部
や交差部に「×」を記入し、「文
字」コマンド(ここでは文字種
[4])で「①」を記入する。

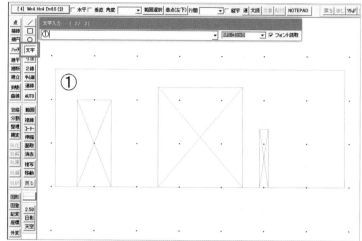

4 内壁②は開口部がないので、
p.155の左図を参考にして作図す
る。

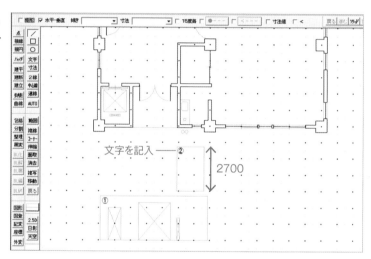

続けて同様に、以下の図を参考にして、内壁③〜⑤とトイレの壁 t1 を作図します。

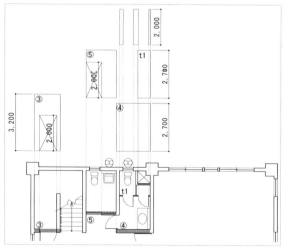

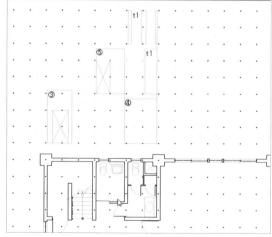

続けて同様に、以下の図を参考にして、内壁⑥〜⑩を作図します。

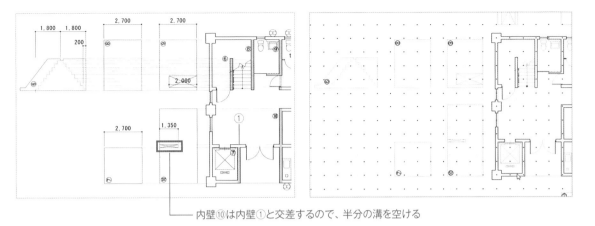

内壁⑩は内壁①と交差するので、半分の溝を空ける

続けて同様に、以下の図を参考にして、内壁⑪（柱部は3枚重ね）とトイレブースの壁 t1 を作図します。

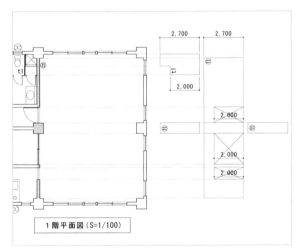

1 階平面図（S=1/100）

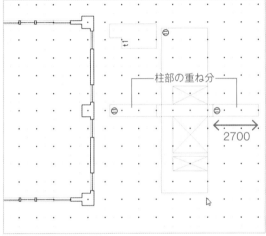

柱部の重ね分

2700

2階平面図による内壁の作図

2階平面図のキープランを参考にして、2階平面図の内壁 a 〜 j とトイレブース t2 を作図します。作図手順は1階平面図と同様なので、p.155〜156を参照してください。

以下の図を参考にして、内壁 a 〜 b を作図します。

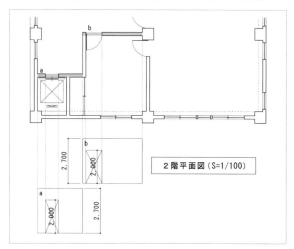
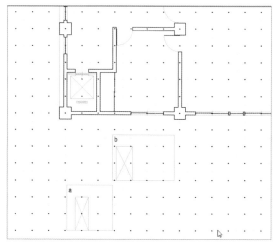

2階平面図（S=1/100）

続けて同様に、以下の図を参考にして、内壁 c 〜 e とトイレブース t2 を作図します。

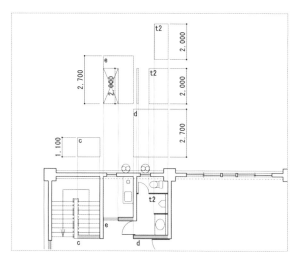
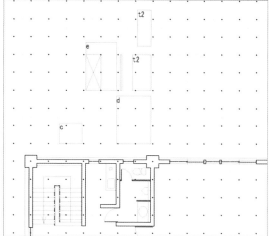

続けて同様に、以下の図を参考にして、内壁 f ～ h を作図します。

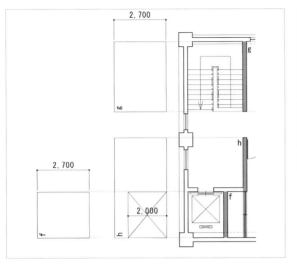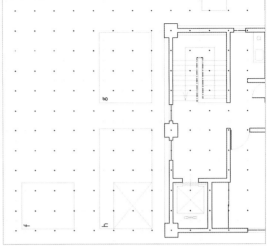

続けて同様に、以下のキープランを参考にして、内壁 i ～ j（内壁 j の柱部は3枚重ね）を作図します。

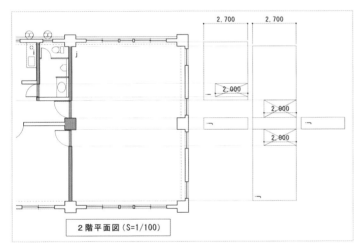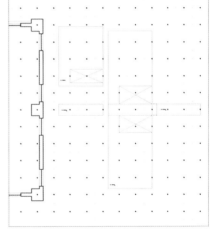

CH03-08.jww

最後に、1階平面図と2階平面図の近くにかき上げた内壁を、「複写」コマンドで任意の場所（本書では外壁の型紙の下）に複写して向きを整え、スチレンボード厚2mmと1mmで分類し、「文字」コマンドで注釈として「内壁2mm（55スプレー）」「1mm（55スプレー）」を記入します。

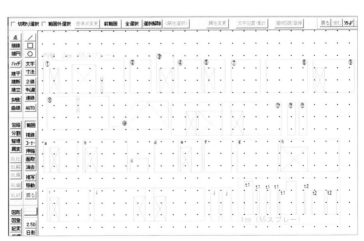

CH03-09.jww

3.3　1階見上げ図と2階見上げ図を使用して梁などの構造体の型紙を作図

1階見上げ図と2階見上げ図を使用して、2階床下（1階見上げ）と屋根下（2階見上げ）の梁などの構造体の型紙を作図します。また、屋根の型紙もここで作図します。

3.3.1　屋根下（2階見上げ）の型紙を作図

■1 作図ウィンドウに1階見上げ図と2階見上げ図を表示する（元の図面のいちばん右にある）。
レイヤグループバー⓪を🖱️（右）して書込レイヤグループに切り替えてから、レイヤバー⑥を🖱️（右）して書込レイヤに切り替え、非表示レイヤ⑤を🖱️して表示のみレイヤに切り替える。

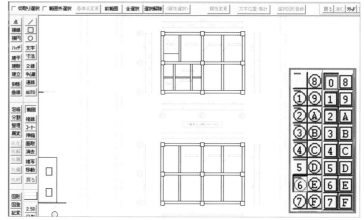

型紙用として、1階見上げ図と2階見上げ図を任意の場所（本書では見上げ図の右側）に複写します。

■2 「複写」コマンドで、1階見上げ図と2階見上げ図を選択し、これまでと同様の方法で、任意の場所に複写する。

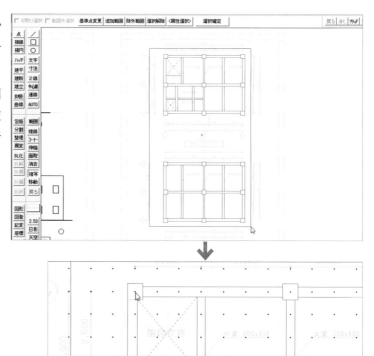

屋根は「陸屋根」で、パラペットの外周
から200mm内側に設置します。
まず、2階見上げ図を屋根の寸法に
変更します。この図にはパラペットがな
いため、柱の外側の線をパラペットの
外周の位置とみなします。

3 作図ウィンドウに複写した2階見
上げ図を表示する。
「複線」コマンドで、パラペットの
外周（柱の外側）から200内側に
複線をかき、「コーナー」「伸縮」
コマンドなどで囲むように線をつな
ぐ。

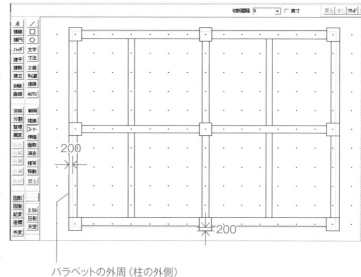

パラペットの外周（柱の外側）

4 「消去」コマンドで**3**でかいた線
の外側にある線を消去してから、
「コーナー」「消去」コマンドなど
で図のように線を整える。

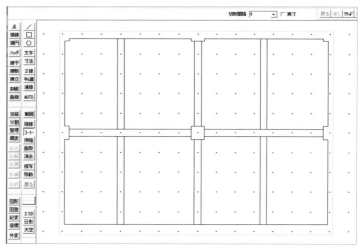

5 さらに、「消去」「コーナー」コマン
ドなどで、梁と内部柱だけを残
す。

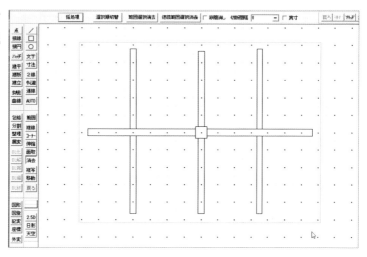

この図は2階見上げ図なので、屋根下の型紙にするには縦方向を軸に反転する必要があります。

6 「移動」コマンドで、全体を選択し、コントロールバー「選択確定」を🖱。

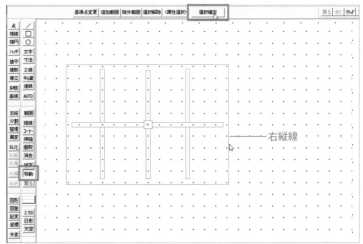

右縦線

7 コントロールバー「反転」を🖱。

8 右縦線（6の図）を🖱すると、図のように反転して表示されるので、🖱して反転を確定する。

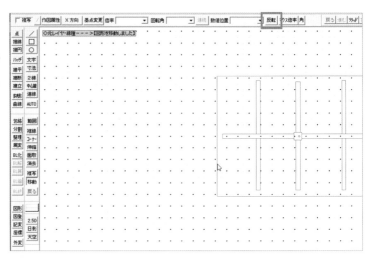

屋根下の型紙が作図できたので、線を「線色1」に切り替えます。

9 「範囲」コマンドで全体を選択し、コントロールバー「属性変更」を🖱し、すべての線を「線色1」に切り替える。

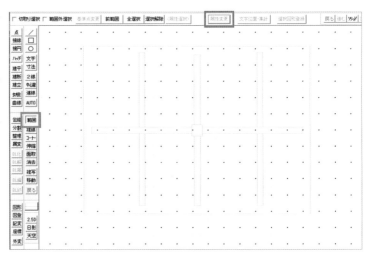

🆑 CH03-10.jww

3.3.2　2階床下（1階見上げ）の型紙と屋根の型紙を作図

1階見上げ図から2階床下の型紙をつくります。

1 作図ウィンドウに複写した1階見上げ図を表示する。
「消去」「コーナー」コマンドなどで、図のように外周線と階段とエレベータピットを消去し、線を整理する。

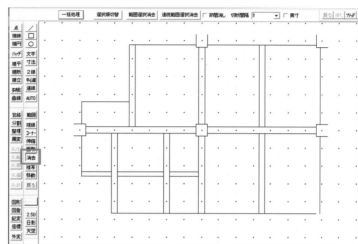

p.129で作図した2階床の型紙の床の線を流用します。

2 2階床の型紙を表示する。
「複写」コマンドで、2階の床の線を選択する。
コントロールバー「基準点変更」を🖱。

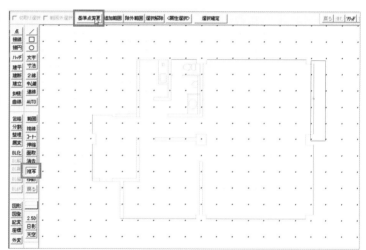

3 図の柱の角を🖱（右）。

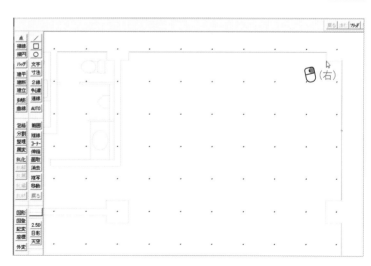

4 元の1階見上げ図に戻り、同じ柱の角を🖱(右)して複写する。

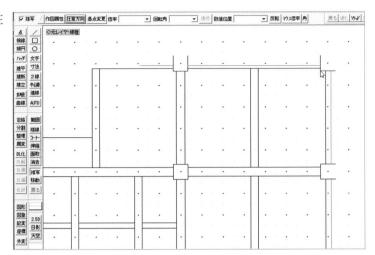

5 「コーナー」コマンドなどで、図のように、床や床より外側の柱の線を整える。

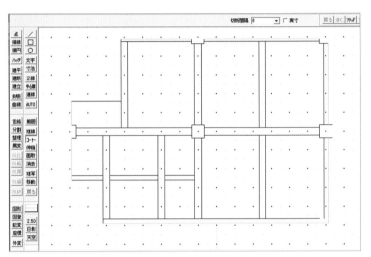

6 さらに、「コーナー」コマンドなどで、図のように梁などの線を整えた後、すべての線を「線色1」に切り替える。

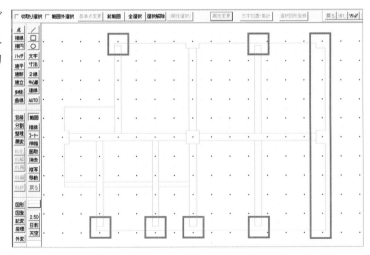

7 屋根下の型紙（→p.162）と同様に、図を反転させる。

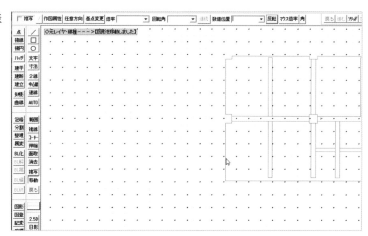

これで2階床下の型紙ができました。ここで、「3.3.1　屋根下（2階見上げ）の型紙を作図」で作図した屋根下の型紙を利用して、屋根の型紙を作図します。

8 「範囲」コマンドで屋根下の型紙の外周線を選択し、「複写」コマンドで任意の場所に複写する。

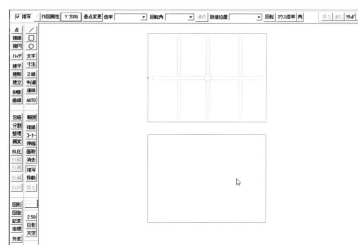

CH03-11.jww

3.3.3　梁の型紙を作図

作図した屋根下と2階床下の型紙を
利用して、梁の型紙を作図します。
まず、屋根下の型紙と2階床下の型
紙を複写します。

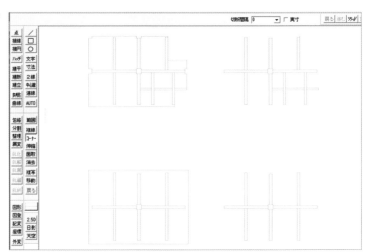

1　「複写」コマンドで、屋根下と2階
床下の型紙をそれぞれ複写す
る。

2　「消去」「コーナー」コマンドなど
で、複写した型紙の外周線を消
去し、梁だけにする。

梁を大梁と小梁に分けます。
大梁はスチレンボード厚5mm、小梁は
スチレンボード厚3mmを利用するの
で、それぞれ注釈を記入します。

3　「コーナー」「消去」「移動」コマ
ンドなどで、梁を大梁と小梁に分
け、整理する。
「文字」コマンドで、図のような注
釈を記入する。
本書では2階床下の型紙の右側
に整理している。

CH03-12.jww

3.4 階段・流し台・衛生器具類・花壇・自動車・人などの型紙を作図

2階建てなので階段を設置する必要があります。ここでは、すでに平面図で表記されている流し台や衛生器具をそのまま利用して作成します。縮尺が1/100なので精密さは不要です。大体の大きさと高さが合っていれば十分です。模型制作時には、人を配置してスケール感を表現します。屋外は、花壇、自動車を配置してリアルさを表現します。それらもここで用意します。

3.4.1 階段の型紙を作図

階段の型紙は1階床の型紙を利用します。2段分ずつ切って1段ずらして重ねて積み上げるので、2段分が1つの型紙になります。

C-C断面図（→p.123）でわかるように、この建物は階高3600mmで、ホールまでで18段あるので、蹴上は3600÷18≒200mmになります。縮尺1/100の場合は2mmになるので、スチレンボード厚2mmを使用します。

1 作図ウィンドウに1階床の型紙を表示する。

「範囲」コマンドで、コントロールバー「切取り選択」にチェックを付けてから1階床の型紙の階段部分を選択し、「複写」コマンドを🖱。

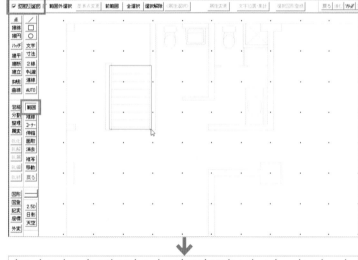

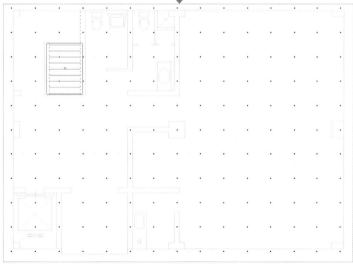

2 任意の場所（本書では内壁の型
紙の右上）で🖱し、階段8段分を
複写する。

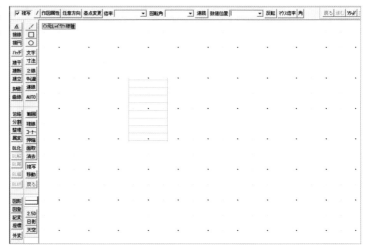

3 「伸縮」コマンドで、はみ出した
線を整える。

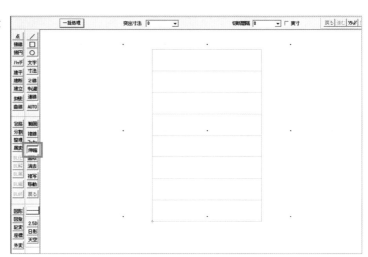

4 「複写」コマンドで、図のように階
段の踏面の線を選択し、コントロ
ールバー「基準点変更」を🖱し、
図の点を🖱（右）。

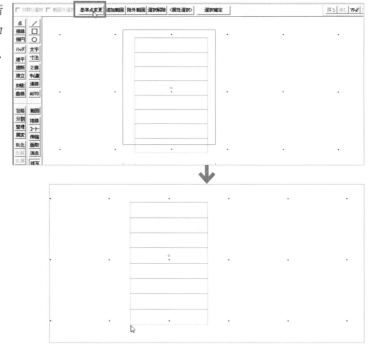

5 階段の左上角を🖱(右)し、コント
ロールバー「連続」を2回🖱し、階
段の踏面の線を増やす。

線は合わせて24本増えたことに
なる。

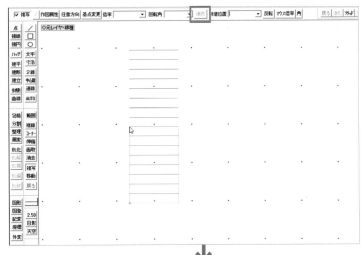

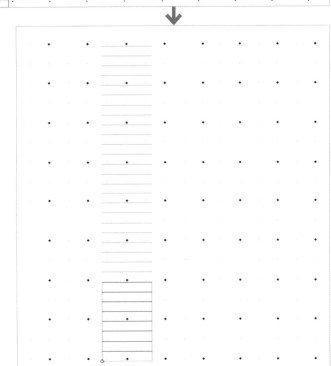

6 「移動」コマンドで90度回転させ、
「伸縮」コマンドで外周線をつな
ぐ。

全部で32段分できたので、これらを
2段ごとに切断して使用すると、階段
が16段分となります。
次ページで作成する踊場とホールま
でで、18段の階段となります。

階段の踊場の型紙を、2階平面図を利用して作図します。

7 作図ウィンドウに2階平面図を表示する。
「範囲」コマンドで、コントロールバー「切取り選択」にチェックを付けてから、図のように、2階平面図の踊場部分を選択する。そのとき、踏面1段分も含めて選択する。

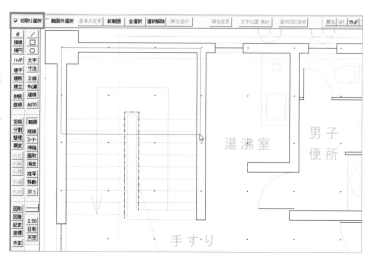

8 「複写」コマンドで、任意の場所（本書では先に作成した階段の下）で🖱し、階段の踊場を複写する。

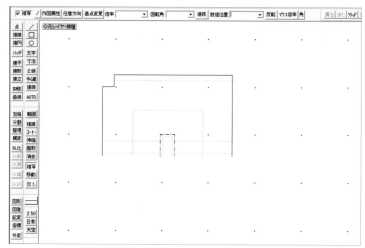

踊場から上に1段上がる階段は模型制作のときに必要なので残して、それ以外は消去します。

9 「消去」「伸縮」コマンドなどで、図のように線を整える。

10 すべての線を線色1に切り替える。

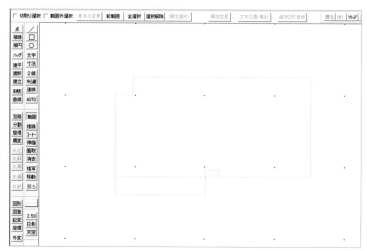

CH03-13.jww

3.4.2　流し台・衛生器具などの型紙を作図

1階床の型紙と2階床の型紙を利用して、流し台や便器などの型紙を作図します。

各器具の高さは以下のとおりで、スチレンボードの厚さと枚数で調整します。

● 湯沸室の流し台（2台）▶ 800mm　スチレンボード厚 5mm + 3mm

● 多目的便所の洗面流し台1（1台）▶ 800mm　スチレンボード厚 5mm + 3mm

● 洗面流し台2（2台）▶ 800mm　スチレンボード厚 5mm + 3mm

● 大便器（3台）▶ 500mm　スチレンボード厚 5mm

※ 小便器は作図線が細かくなるので、ここでは省略します。

1　「範囲」コマンドで、コントロールバー「切取り選択」などで1階床または2階床の型紙から流し台・洗面流し台・大便器を選択し、「複写」コマンドで任意の場所に複写し、「伸縮」コマンドではみ出した線を整える。

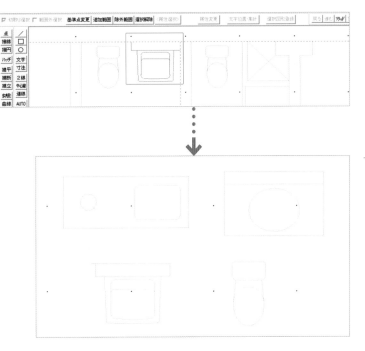

2　「複写」コマンドで、必要に応じてそれぞれの型紙を複写し（本書では階段の型紙の下）、スチレンボードの厚さで分けて整理する。

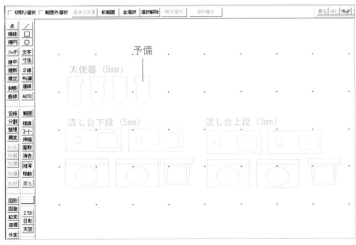

CH03-14.jww

3.4.3　花壇・人・自動車の型紙を作図

敷地の型紙を使用して、花壇の型紙を作図します。

1 作図ウィンドウに敷地の型紙を表示する。
「範囲」コマンドで、コントロールバー「切取り選択」にチェックを付け、花壇を選択する。

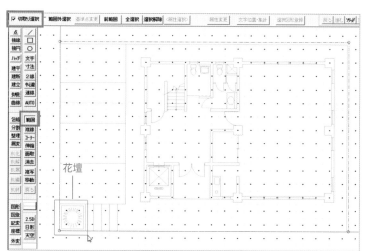

2 「複写」コマンドを🖱し、任意の場所（本書では階段の型紙の右）に花壇を複写したら、図のように線を整え、線色1に切り替える。

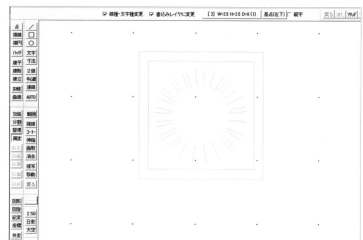

次に花壇の外周の枠を作図します。

3 「／」「複線」コマンドで、外周（複線間隔700mm）となる長方形を作図する。

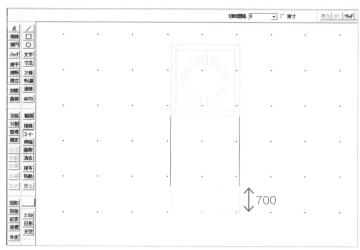

4 「複線」「コーナー」コマンドなど
　　で、同じものを計4つ作図する。

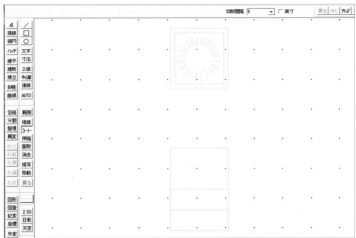

花壇の周囲から外周の枠の厚み分
（200mm）を削ります。

5 「複線」コマンドで花壇の外側
　　の線から内側に200入った複線
　　をかき、「消去」コマンドで複線よ
　　り外にある線をすべて消去する。

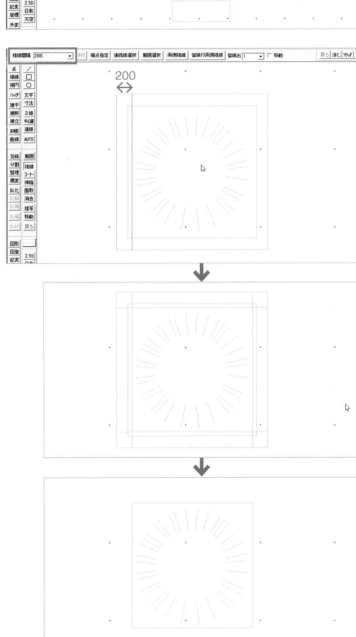

6 「文字」コマンドで、型紙の名前
とスチレンボード厚を記入する。

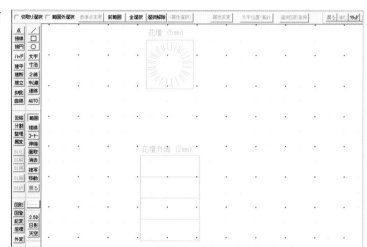

7 「自動車の型紙」は「2.4.3　自動車の型紙用図面をコピー」を、「人の型紙」は「2.4.4　人の型紙用図面をコピー」を参考にして、それぞれコピーする（本書では花壇の右下）。

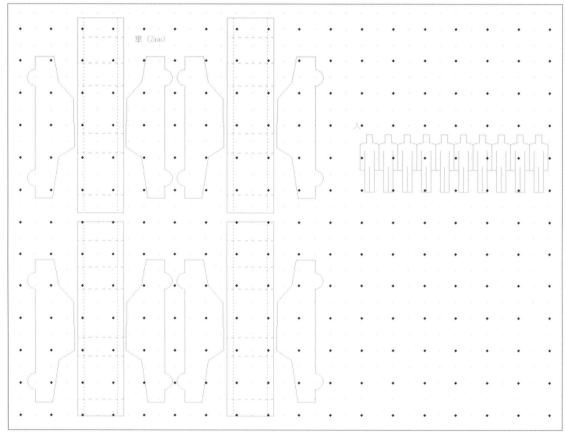

型紙をA3サイズの用紙枠にレイアウトして印刷

ここまでで模型制作に必要な型紙をすべて作図しました。これらを決まった用紙サイズに印刷します。用紙を節約するために、型紙間の隙間をできるだけなくし、同じ厚さのスチレンボードごとにまとめます。

3.5.1 図面をA3サイズに変更し、型紙をレイアウト

現在の図面はA2サイズですが、型紙はA3サイズの用紙に印刷します。そこで、図面(用紙枠)をA3サイズに変更します。

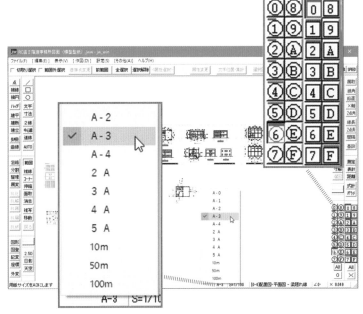

1 レイヤ⑥は書込レイヤのままで、他のすべてのレイヤを編集可能レイヤに切り替える。

2 ステータスバーの用紙サイズ表示(現在は「A−2」)の位置を🖱️して、開くプルダウンメニューから「A−3」を🖱️。

3 「移動」コマンドで、すべての図面を上に移動し、A3サイズの用紙枠内に図面が1つも入らないようにする。

4 線属性を「補助線色」「補助線種」に切り替える。

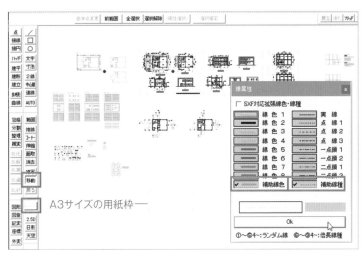

A3サイズの用紙枠―

5 A3サイズにした用紙枠を拡大表
示する。
「□」コマンドで、表示されている
用紙枠上に同形の矩形を作図
する。

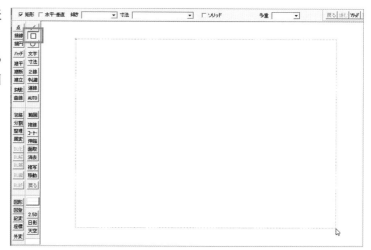

6 「範囲」コマンドで、作図した矩
形を選択し、「複線」コマンドで、
「複線間隔」を1000にして、内側
にもう1つ矩形を作図する。
この線は、印刷したときに型紙が
印刷範囲からはみ出さないように
するための線である。

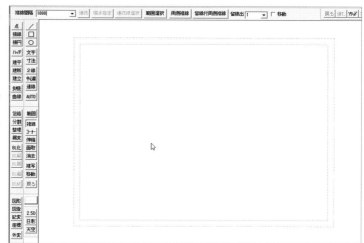

7 「複写」コマンドで、5 6で作図
した矩形を1つ複写し、さらに縦
長に回転して2つ、計3つ複写す
る。
縦長に複写するのは、各型紙の
レイアウトを考慮してである。

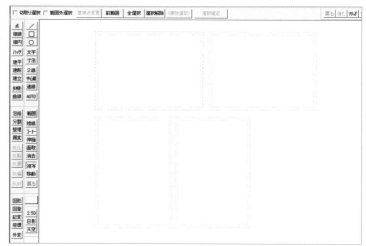

8 スチレンボードの厚さ1・2・3・5mm
ごとに分ける。
「移動」コマンドなどで、各型紙
をそれぞれ用紙枠にレイアウトす
る。
右図はレイアウト内容がわかるよ
うに縮小表示している。

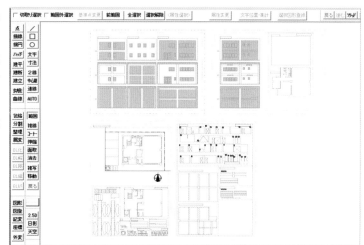

CH03-17.jww

模型の型紙のPDFデータは、付録
CDの「模型型紙データ」フォルダの
「第3章」フォルダに「RC造2階建事
務所図面（模型型紙）01-04まとめ.
pdf」として収録されています。

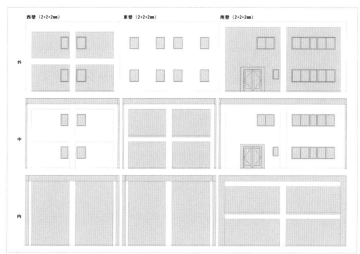

PDFデータの1ページ目

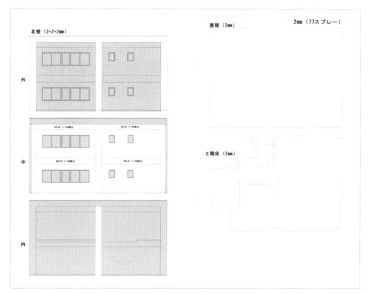

PDFデータの2ページ目

3章

［初級編］ RC 造 2 階建事務所 （縮尺 1/100） の模型をつくる

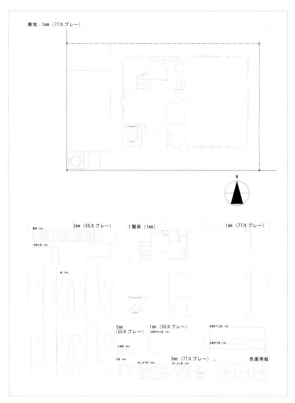

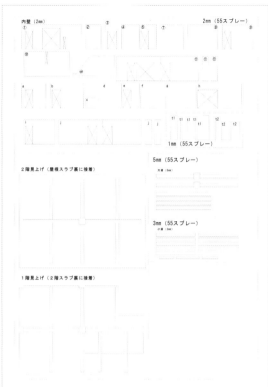

PDFデータの3ページ目   PDFデータの4ページ目

完成した模型の型紙は、「2.5.4　印刷」を参考にして、印刷してください。ただし、A3サイズ用紙印刷対応の
プリンタが必要になります。

A4サイズまでしか印刷できないプリンタの場合は、用紙枠をA4サイズにつくり直してから型紙をレイアウトするか、印刷範囲をA4サイズに分割して印刷し、それらの紙を貼り合わせて型紙を作図してください。

PDF変換アプリなどを使ってJw_cad図面をPDFに変換することで、A3サイズまでなら、コンビニエンスストアなどのコピー機でも印刷できます。

3.6　型紙から各パーツを制作して組み立て

印刷した模型の型紙を、スプレーのりなどでスチレンボードに接着します。それをカッターナイフで切断して各パーツとし、スチのりや木工用ボンドで接着して組み立てます。
各パーツのスチレンボードの厚みは用途に応じて異なり、接着するスプレーのりも使い分けるので、注意してスチレンボードに模型の型紙を接着します。
模型制作に必要な道具・材料は「2.6.1　模型制作に必要な道具と材料」を参考にしてください。

3.6.1　型紙から模型パーツを制作

型紙をスチレンボードに接着

印刷した模型の型紙を切り分け、スプレーのりでスチレンボードに貼り付けます。スプレーのりは周りに飛び散るので、新聞紙などで養生したり、段ボールなどで囲いをつくってから、吹き付けるようにします。
各型紙のスチレンボードの厚みと吹き付けるスプレーのりの種類は、以下のとおりです。

- 敷地 ▶ スチレンボード5mm、77スプレー
- 壁（外壁、内壁）、階段、車、花壇外周 ▶ スチレンボード2mm、55スプレー
- 梁 ▶ スチレンボード厚1mm、55スプレー
- 1階床 ▶ スチレンボード厚1mm、77スプレー
- 2階床、屋根 ▶ スチレンボード2mm、77スプレー
- 大便器、花壇、流し台下段 ▶ スチレンボード5mm、55スプレー
- 流し台上段 ▶ スチレンボード3mm、77スプレー
- 大梁 ▶ スチレンボード5mm、55スプレー
- 小梁 ▶ スチレンボード3mm、55スプレー
- 人 ▶ 色画用紙

なお、模型の型紙のPDFデータは、付録CDの「模型型紙データ」フォルダの「第3章」フォルダに「RC造2階建事務所図面（模型型紙）01-04まとめ.pdf」として収録されています（→p.177～178）。

1 印刷した模型の型紙を切り分け、スチレンボードの厚みごとに型紙を分ける。

> 本書のサンプルでは、わかりやすくするために、不要な文字も切らずに残してありますが、スチレンボードを節約するためには、必要な型紙だけを切り分けて使うことをお奨めします。

スチレンボード厚1mm

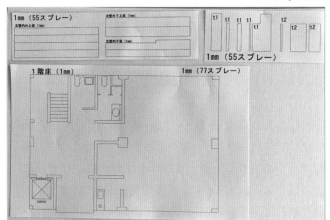

スチレンボード厚2mm

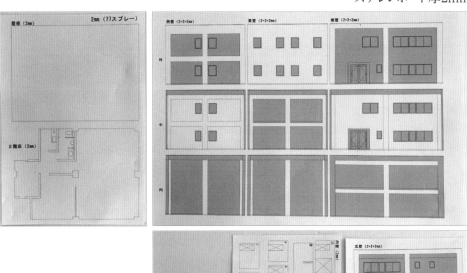

スチレンボード厚3mm

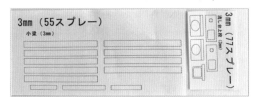

スチレンボード厚5mm

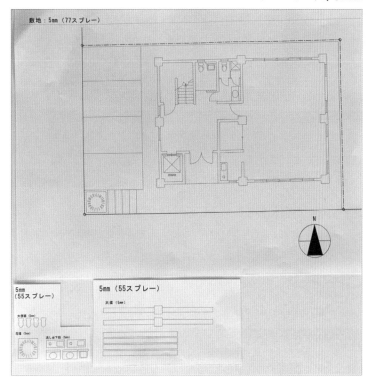

2 スプレーのりを吹いた型紙を、所定のスチレンボードに接着する。型紙がしわにならないように、中心から外に向かって伸ばして空気が入らないようにする。

3 カッティングマットの上にスチレンボードを置いて、スチール定規とカッターナイフを使用して、パーツごとに切断する。壁の開口部は切り抜く。

4 外壁のパーツから作成する。スチレンボードに接着されている外壁の型紙を剥がしながら、各壁を接着する。

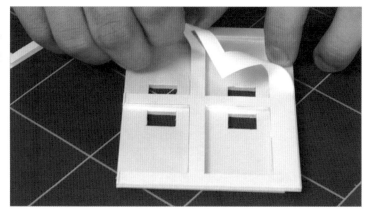

5 外壁は4面とも異なり、スチレンボード厚2mmを3枚使用して、柱・梁・壁の関係を表現する（→p.131〜135）。写真を参考にして、スチのりや木工用ボンドで外・中・内の3枚を接着する。外壁は、出隅の部分で壁が重複するので、どちらかの壁の端で壁厚2mm分を取り除き、紙1枚を残して（→p.111）調整する必要がある。ここでは、南壁と北壁の外側の壁の両端を紙1枚残しとする。

外から見た南壁（上）と北壁（下）

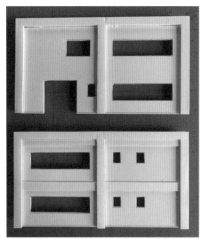

中から見た南壁（上）と北壁（下）

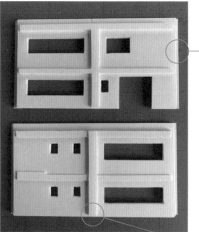

紙1枚を残す

外から見た東壁（上）と西壁（下）

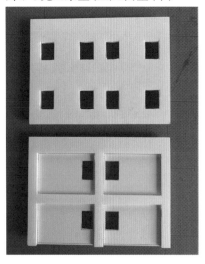

中から見た東壁（上）と西壁（下）

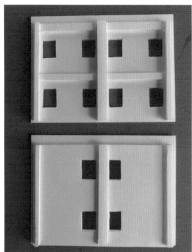

内側の柱は1mm厚の床の上に乗るので、壁の下端から1mm分の柱をカッターナイフで切る

6 内壁も、写真のようにカッターナイフで切る。

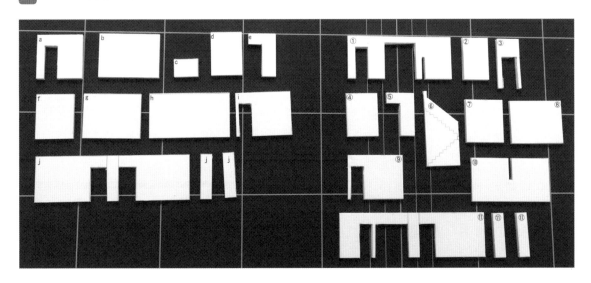

7 衛生器具なども、写真のようにカッターナイフで切り、流し台は上段3mmと下段5mmを接着する。

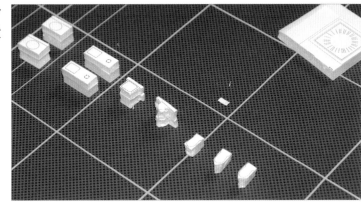

8 階段は蹴上.200mmでスチレンボード2mmを使うが、重ねていくと誤差で高くなるので、あらかじめ指などで押しつぶして厚みを小さくし、2段ごとに切断する。

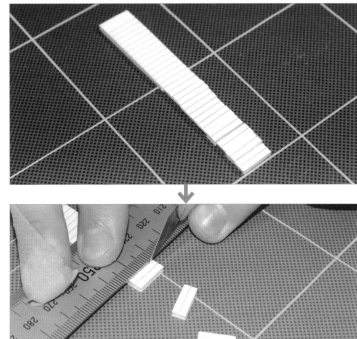

3.6.2　各模型パーツの組み立て

模型は、敷地・床→1階内壁・階段・衛生器具など（床に接着）→1階見上げ梁→屋根・2階見上げ梁→2階内壁・衛生器具など（床に接着）→外壁（敷地・床に接着しない）→外部→人・自動車の順で組み立てます。

敷地・床のパーツ

1 スチレンボード厚1mmの床裏にスチのりまたは木工用ボンド付け、敷地にかかれた平面図の上に接着する。

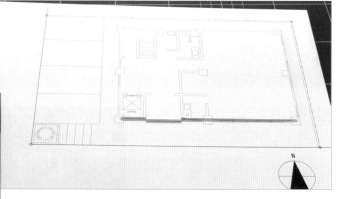

1階内壁・階段・衛生器具などのパーツ

1階内壁を先に組み立て接着してしまうと衛生器具類を入れるのが困難になるので、同時に作業をします。狭くなった場所はピンセットをうまく活用してください。

2 型紙を剥がして階段がらみの内壁を組み立て、階段をスチのりなどで接着し、組み立てる。
p.183**8**で作成した2段ごとのパーツの1段分にのりを付け、その上に1段ずつ重ねていくようにして組み立てる。

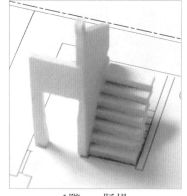

1階 → 踊場

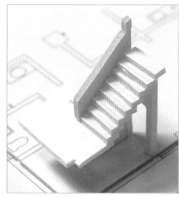

踊場 → 2階

3 内壁や衛生器具などを接着する。
内壁①と内壁⑩は交差している位置に切り込みがあり、それを組み込んで取り付ける。

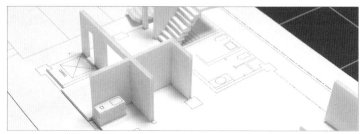

1階見上げ梁・屋根・2階見上げ梁のパーツ

4　2階床の裏に1階見上げの型紙を貼り、屋根の裏に2階見上げの型紙を貼る。

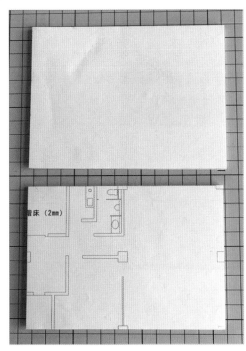

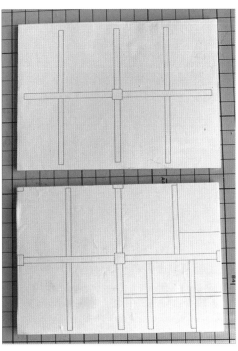

上が屋根の表、下が2階床の表　　　　　　　　　上が屋根の裏（2階見上げ）、下が2階床の裏（1階見上げ）

5　1階見上げを参考に、2階床の型紙を切断し、裏に梁のパーツを接着する。

6　屋根の裏に梁のパーツを接着する。

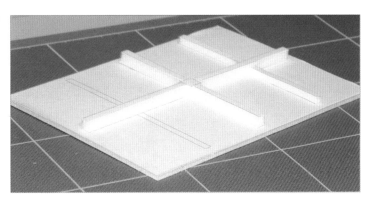

梁が完成しました。
上が1階見上げ梁、下が2階見上げ
梁です。

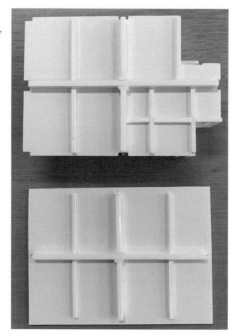

2階内壁・衛生器具などのパーツ

1階と同様に、内壁と衛生器具類を同時に組み立てて作業をします。
狭くなった場所は、ピンセットをうまく活用してください。

7 内壁と衛生器具などを一緒に配
　置しながら接着する。

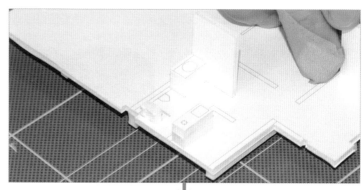

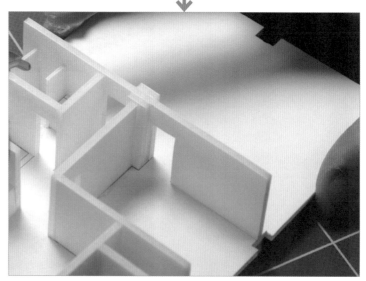

外壁・屋根のパーツ

8 2階床と東西南北の外壁を接着する。ただし、外壁ごと建物を外せるようにするため、敷地には接着しない。

9 屋根は、接着しないでかぶせるようにするだけでよい。

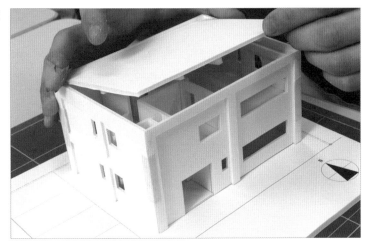

外部のパーツ

外部には、花壇と植栽(カスミ草)を設置します。

10 花壇と外周の枠を接着し、植栽として花壇にカスミ草を挿す(→p.117)。

人・自動車のパーツ

11 車と人は、2章で作成した手順(→p.117〜119)を参考にして制作する。

12 制作した人と車を接着して、完成させる。

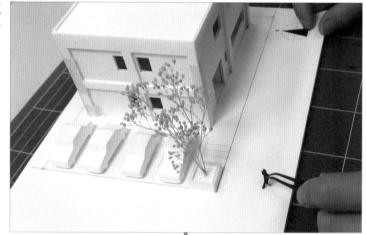

「RC造2階建事務所」模型が完成しました。

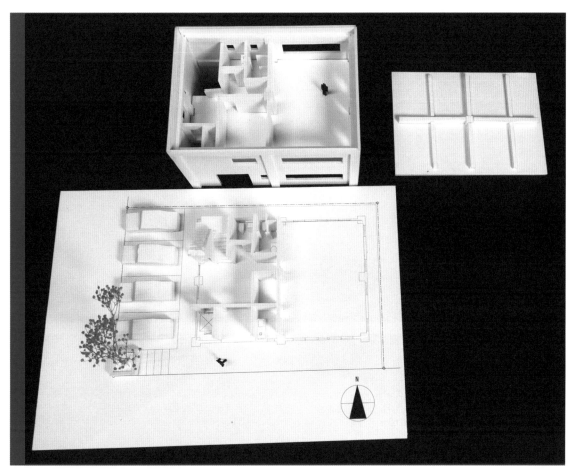

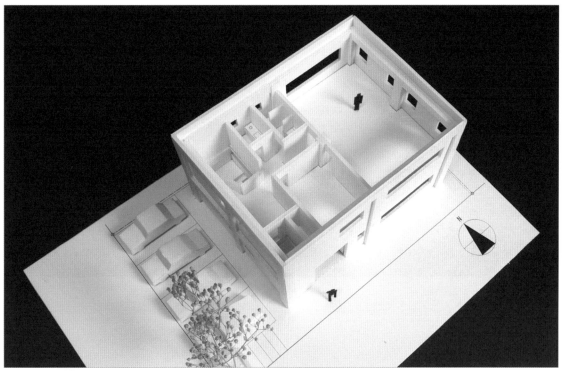

4章

［中級編］
木造2階建住宅（縮尺1/50）の模型をつくる

この章では、2章で作成した木造平家建住宅の模型作成手順を参照しながら、木造2階建住宅（縮尺1／50）の模型をつくります。まずは、あらかじめJw_cadで作図した「木造2階建住宅」（縮尺1/100）の図面を元に、模型に必要な型紙をつくります。その後、型紙を縮尺1/50に変換して、縮尺1/50の模型をつくります。

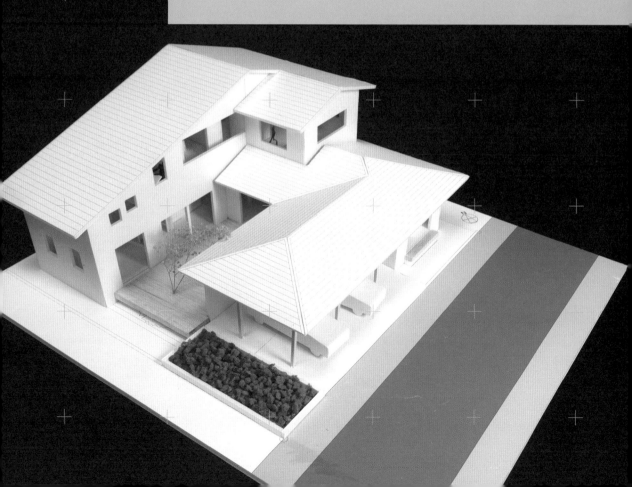

4.1 配置図兼1階平面図と2階平面図を使用して敷地と床の型紙を作図

ここでは、付録CDから「木造2階建住宅図面」を開き、その中の配置図兼1階平面図と2階平面図を使用して、敷地と床の型紙用図面を作図する手順の概要を解説します。4章では1つ1つの作図手順の説明は割愛し、建築図面、模型制作用の参照図を適宜掲載してポイントだけを解説します。

4.1.1 「木造2階建住宅図面.jww」を開き、敷地の型紙を作図

敷地の型紙は、「木造2階建住宅図面」の配置図兼1階平面図を複写して作図します。

〈 手順の概要 〉

1 付録CDの「図面データ」フォルダに収録されている図面「木造2階建住宅図面.jww」を開く。
レイヤグループ⓪を書込レイヤグループに切り替えてから、レイヤ⓪・⑤・⑥を非表示レイヤに切り替えると、配置図兼1階平面図のうち敷地として不要な部分が非表示となる。
ここで、ファイル名を「木造2階建住宅図面(模型型紙).jww」に変更する。　🎴CH04-01.jww

2 p.29〜30の手順を参考にして、配置図兼1階平面図を複写(本書では元の図面から左方向)し、敷地の型紙用図面を作図する。

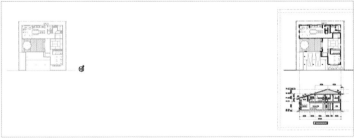

付録CDに収録されている「模型型紙データ」は、最初に用紙枠にある図面が表示されます。誌面にある図の状態は、画面表示を拡大・縮小したり、移動したり(→p.24)して確認してください。

🎴CH04-02.jww

4.1.2 1階床の型紙を作図

次ページ上段の図を参考にして、1階床の型紙を作図します。合わせて中庭デッキ・玄関・ポーチ・駐車スペース、縁側、勝手口の型紙も作図します。
1階の床は、「木造2階建住宅図面.jww」にあるA−A断面図などからもわかるとおり、GLから500mmの高さがあります。縮尺1/50の場合、スチレンボード厚5mmを2枚重ねると高さが等しくなります。したがって、1階床の型紙は2枚必要です。中庭デッキと縁側も、同様に2枚必要です。また、玄関・ポーチ・駐車スペースは、立面図から測定してわかるとおり、GLからの高さが300mmですが、スチレンボード厚5mmを1枚使います。勝手口もGLからの高さが300mmです。大きさの違うボードを2枚(厚3mm)重ねます。

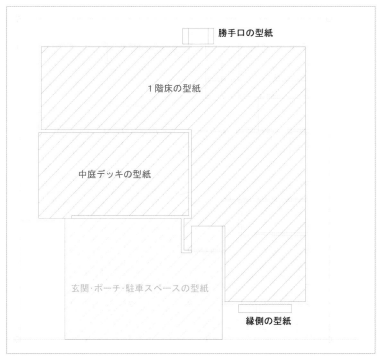

勝手口の型紙

1階床の型紙

中庭デッキの型紙

玄関・ポーチ・駐車スペースの型紙

縁側の型紙

1階床などの型紙の作図部分（赤枠で囲んだ部分が、それぞれの型紙となる）

〈 手順の概要 〉

1 p.31以降の手順を参考にして、敷地の型紙から1階平面図を複写（本書では敷地の型紙の右）し、1階床の型紙用図面を2枚作図する。

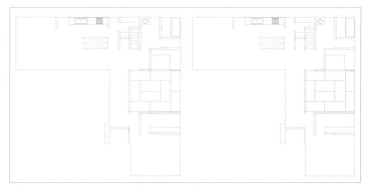

2 同様に、中庭デッキと縁側を2枚ずつ、玄関・ポーチ・駐車スペースを1枚、勝手口を大小2枚、それぞれ敷地の型紙から複写（本書では1階床の型紙の右）して、図のように作図する。

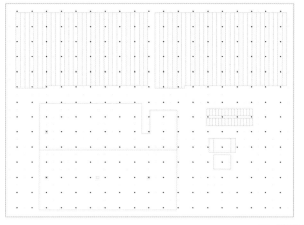

CH04-03.jww

2階の床は、断面図からもわかるとおり、1階天井から500mmの高さがあります。この場合、1階床と同様に、縮尺1/50の場合スチレンボード厚5mmを2枚重ねると高さが等しくなります。したがって、2階床の型紙は2枚必要です。

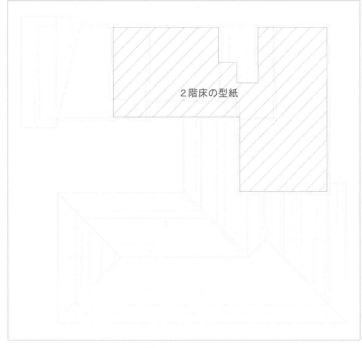

2階床の型紙の作図部分（赤枠で囲んだ部分が型紙となる）

〈 手順の概要 〉

1　レイヤ⓪・⑥・⑦・⑧を非表示レイヤに切り替えて、不要なレイヤの要素を非表示にする。

2　2章を参考にして2階平面図を複写（本書では1階床の型紙の下）したら、不要な線を消去して、2階床の型紙を作図する。階段および階段周りの内壁は、別に型紙を作図するので、ここではソリッドで塗りつぶす。

3　複写してもう1枚の型紙を作図する。

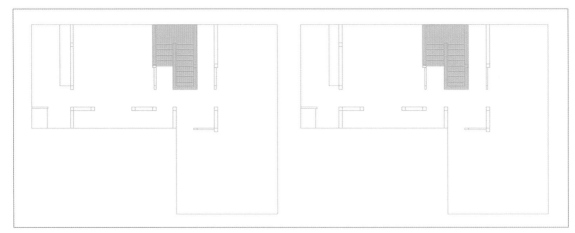

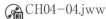
CH04-04.jww

立面図・断面図・平面図を使用して 壁の型紙を作図

前節に引き続き、立面図と2種類の断面図を使用して外壁の型紙を、平面図を使用して内壁の型紙を作図する手順の概要を解説します。

4.2.1 外壁の型紙を作図

立面図と断面図を使用して作図した外壁の型紙と平面図との関係は、図のキープランのとおりになります。

壁の厚さは150mmなので、縮尺1/50の模型の場合はスチレンボード厚3mmを使用します。

木造2階建住宅外壁キープラン

〈 手順の概要 〉

1 レイヤグループ③を書込レイヤグループに切り替えて、レイヤ①を書込レイヤに切り替える。

レイヤ⓪（基準線）・レイヤ②（部屋名・図面名）・レイヤ③（寸法）・レイヤ④（植栽）・レイヤ⑤（ソリッド）を非表示レイヤに切り替える。

さらに、外壁の型紙を作図するのに必要な立面図と断面図（5つの図面）を複写（本書では元の図面の下）する。

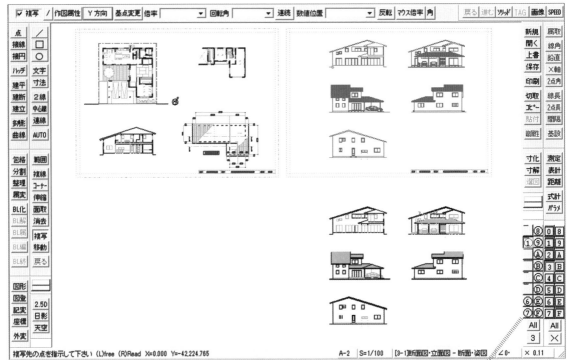

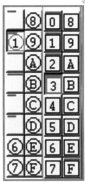

CH04−05.jww

東壁Aと北壁Aの型紙の作図

下図を参考にして、複写した東立面図と北立面図を使用して、東壁Aと北壁Aの型紙を作図します。

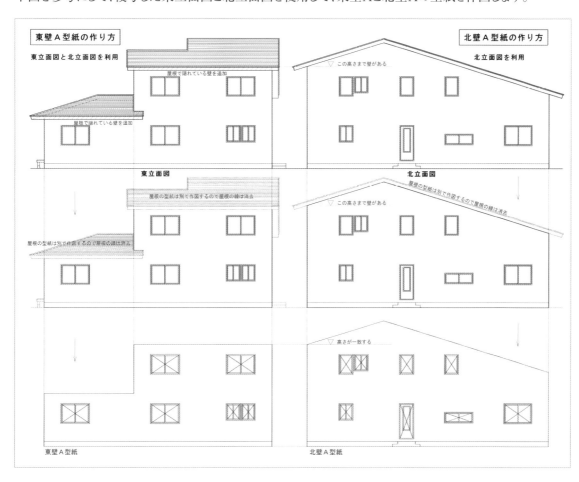

2 「移動」コマンドで、上図のように、東立面図と北立面図の高さを揃えて近くに並べる。

3 上図を参考にして、東壁Aと北壁Aの型紙を作図する。

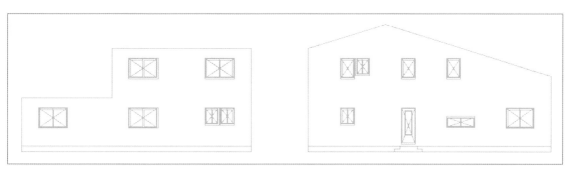

CH04-06.jww

南壁Aの型紙の作図

右図を参考にして、複写したB-B断面図を使用して、南壁Aの型紙（一部内壁）を作図します。

4 右図を参考にして、不要な線を消去し、切り抜く開口部には「×」を記入する。

西壁Aの型紙の作図

下図を参考にして、複写した西立面図と北立面図（または北壁A）を使用して、西壁Aの型紙を作図します。

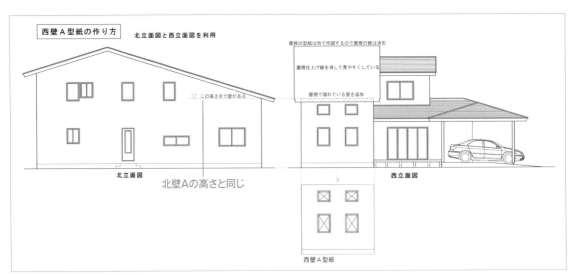

南壁A型紙の作り方

B-B 断面図を利用

B-B 断面図

屋根を消去

この壁：内壁外壁混在

壁 3㎜ あり

床：5㎜+5㎜

床：5㎜+5㎜ あり

南壁A型紙

CH04-07.jww

西壁A型紙の作り方　北立面図と西立面図を利用

屋根の型紙は別で作図するので屋根の線は消去

屋根仕上げ線を消して見やすくしている

屋根で隠れている壁を追加

▽ この高さまで壁がある

北立面図

北壁Aの高さと同じ

西立面図

西壁A型紙

CH04-08.jww

5 西立面図を、北立面図（または北壁A）の右横に複写する。

6 北立面図（または北壁A）の壁の高さから水平線をかき、屋根で隠れている壁の高さの基準線とする。

7 屋根や不要な線を消去して、切り抜く開口部には「×」を記入する。

西壁Bの型紙の作図

下図を参考にして、複写した西立面図とB−B断面図（または南壁A）を使用して、西壁Bの型紙を作図します。

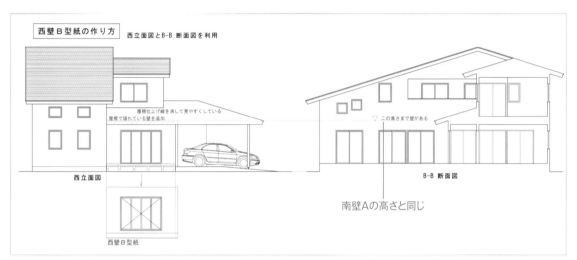

CH04−09.jww

8 西立面図を、B−B断面図（または南壁A）の左横に高さを揃えて複写する。

9 B−B断面図（または南壁A）の1階屋根と壁の交点から西立面図に水平線をかく。

10 屋根で隠れている壁を伸ばし、周りの不要な線を消し、切り抜く開口部に「×」を記入する。

西壁Cと西壁Dの型紙の作図

下図を参考にして、西立面図・南立面図・1階平面図の一部をそれぞれ複写し、西壁C型紙を作図します。また、西立面図だけを使用して、西壁Dの型紙を作図します。

CH04-10.jww

11 西壁Cを作図するために、上図のような位置に西立面図・南立面図・1階平面図の一部を複写する。

12 南立面図の2階の屋根と壁の交点から水平線を西立面図にかき、西壁Cの屋根で隠れている壁を伸ばす。

13 平面図から西壁Cの内部開口部を作図する。屋根や不要な線は消去し、必要な線をかき加え、注釈文字を記入する。

14 西立面を使用して、西壁Dの型紙を作図する。駐車場奥の壁の幅は平面図を参照する。

南壁B～南壁Eの型紙

右図を参考にして、南立面図を使用して南壁Bと南壁Eの型紙を作図します。

また、南立面図と1階平面図の一部を使用して南壁Cと南壁Dの型紙を作図します。

15 南立面図と同じ通りになるように、グリッドを利用して、1階平面図の部分を複写する。

16 1階屋根の仕上線を消去して見やすくし、図のように屋根から鼻隠しの隅を🖐(右)した複線(複線間隔250)をかく。

17 南壁B・南壁D・南壁Eの屋根で隠れている部分の線を追加でかき、それぞれの必要範囲を複写して、不要な線は消去し、切り抜く開口部などに「×」を記入する。南壁Dが玄関側に伸びている部分は平面図を利用する。

18 南壁Cは、南立面図から必要な部分を残して整理する。内壁の開口部は平面図を利用する。

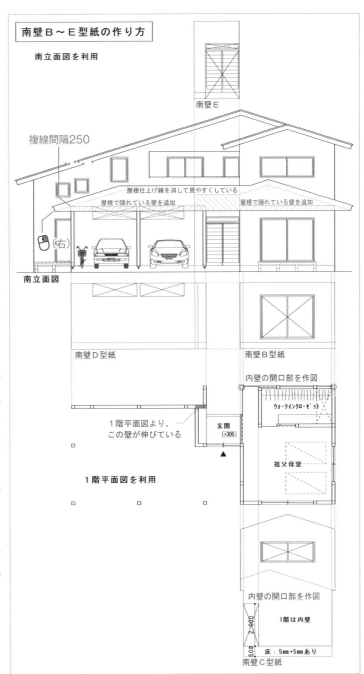

南壁B～E型紙の作り方

南立面図を利用

南壁E

複線間隔250

屋根仕上げ線を消して見やすくしている

屋根で隠れている壁を追加　　　屋根で隠れている壁を追加

(右)

南立面図

南壁D型紙　　　　　　南壁B型紙

内壁の開口部を作図

1階平面図より、この壁が伸びている

玄関 [+300]

ウォークインクローゼット

祖父母室

1階平面図を利用

内壁の開口部を作図

1階は内壁

床：5mm+5mmあり

南壁C型紙

🔵 CH04-11.jww

これで外壁の型紙が作図できました。不要な図面を消去し、外壁型紙を並べ替えます（本書では立面図の右下に作図）。

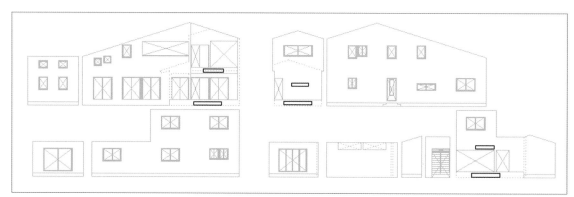

CH04-12.jww

4.2.3　内壁の型紙を作図

内壁の型紙は床の型紙（または平面図）と一部断面図を使用し、内壁キープランを参考にして制作します。
壁の厚さは図面では150mmになっているので、縮尺1/50の模型の場合、スチレンボード厚3mmを使用します。
壁の高さは床から天井までの高さ（天井高）2400mmで制作します。
また、出入りできる開口部はすべて2000mmとします。
型紙をわかりやすくするために、以下のように、それぞれの内壁に番号を付けています。

　　1階平面図のキープラン（→p.203）：1階の内壁として　1〜13
　　2階平面図のキープラン（→p.204）：2階の内壁として　14〜22

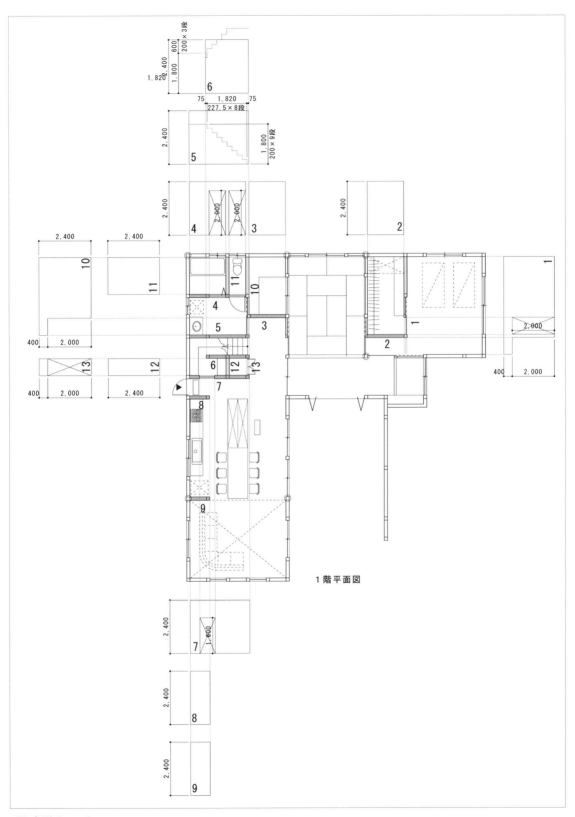

1階平面図

1階内壁キープラン

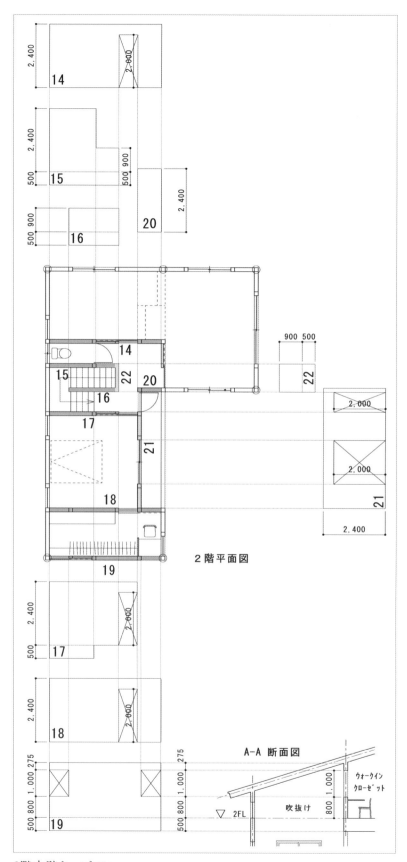

2階平面図

A-A 断面図

ウォークイン
クローゼット

吹抜け

▽ 2FL

2階内壁キープラン

〈 手順の概要 〉

1 内壁を作図するために、1階平面
図と2階平面図を複写する（本書
では敷地の型紙の左側）。
本書では、誌面の関係でわかり
やすくするために、反時計周りに
90°回転させている。

2 1階平面図のキープランを参考に
して、内壁1と2を作図する。

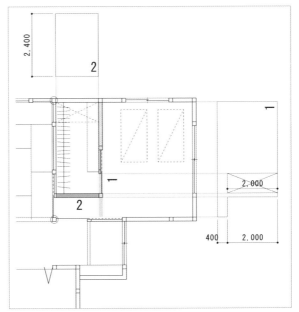

1階の内壁1と2の部分

3 1階平面図のキープランを参考に
して、内壁3～6と10～13を作図
する。
内壁5と6は、階段の線を平面図
から延長させて作図しておくと、
模型をつくるときに、階段を置くガ
イド線になり便利である。

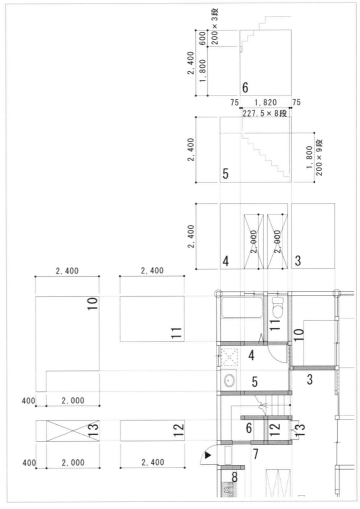

1階の内壁3～6と10～13の部分

4 1階平面図のキープランを参考に
して、内壁7～9を作図する。

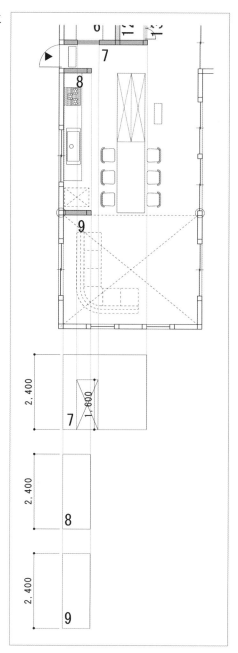

1階の内壁7～9の部分

5 2階平面図のキープランを参考に
して、内壁14〜16と20を作図す
る。
内壁15と16は階段部分なので、
床に壁を勝たせる関係上、型紙
が床の厚み分だけ下に500mm
伸びる。

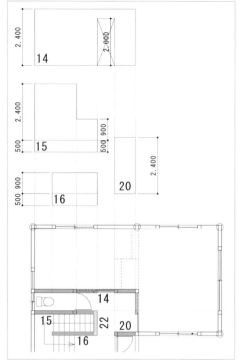

2階の内壁14〜16と20の部分

6 2階平面図のキープランを参考に
して、内壁17〜19を作図する。
内壁17は階段部分である。内壁
15、16と同様に500mm下に伸び
る。
内壁19は吹抜けに面しているの
で床に壁を勝たせる関係上、型
紙が下に500mm伸びる。内壁19
の開口部高さと壁高さは、A−A
断面図を近くに複写して求める。

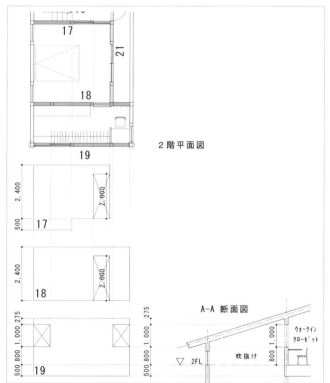

2階の内壁17〜19の部分

7 2階平面図のキープランを参考にして、内壁21、22を作図する。
内壁21はベランダに面した壁で、内壁というより外壁になる。
内壁22は階段の手すりである。これも、床に勝たせるため500mm伸ばす。

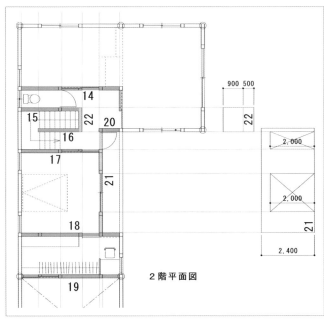

2階の内壁21と22の部分　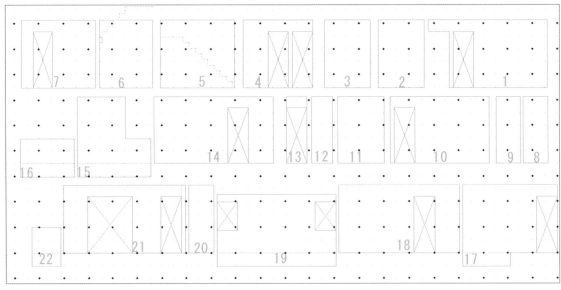CH04−13.jww

4.2.4	内壁の型紙の並べ替え

すべての内壁の型紙の作図を終えたら、不要な図面は消去し、床や階段のガイドラインは線種1の点線に切り替えてから、内壁の型紙を並べ替えます（本書では2階床の型紙の右側）。

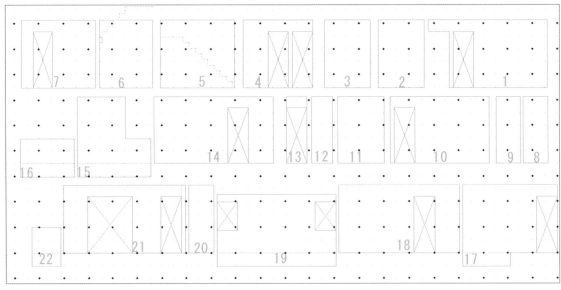

CH04−14.jww

屋根伏図・南立面図・2 階平面図を使用して屋根の型紙を作図

屋根伏図・南立面図・2階平面図（1階屋根伏図を含む）を使用して屋根の型紙を作図します。屋根伏図は上から見た図なので勾配部分は実際より短くなります。屋根の型紙は屋根伏図を元に実際の長さを立面図または断面図で測定して長くし、長さが同じ部分と伸びる部分をつないで、勾配のある屋根の型紙を作図します。

4.3.1　2階屋根の型紙を作図

ここでは、屋根伏図と南立面図を使用して、2階屋根の型紙を作図します。図のとおり、屋根伏図の長さを南立面図（またはB-B断面図）の屋根勾配に合わせて傾けると、勾配がある分だけ長くなります。また、屋根が重なって見えない部分は、その部分をかき足す必要があります。ただし、「この長さは変化なし」と図に記載された部分は屋根勾配に影響しないので、長さを変える必要はありません。

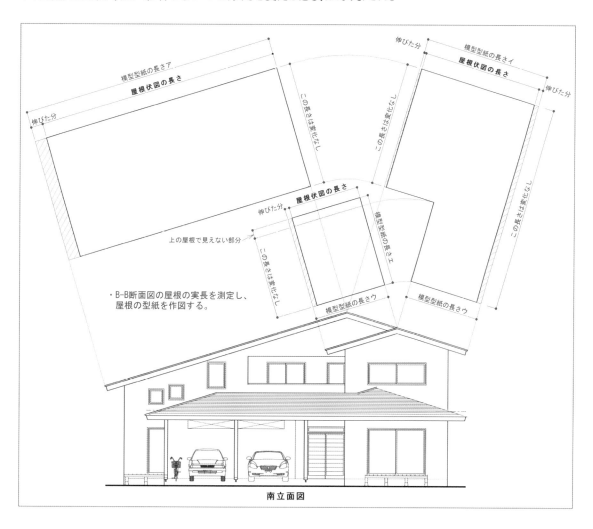

〈 手順の概要 〉

1 書込レイヤグループを ② にして、屋根伏図に不要な要素を含むレイヤ②を非表示レイヤにしてから、屋根伏図を2階屋根の型紙を作図する場所(本書では屋根伏図の下側)に複写する。

2 図のように、屋根の仕上線を消去し、屋根が重なって見えない部分を追加して、3つの屋根に分割する。見えない部分は壁厚を考慮するので、壁芯よりも75mm小さくなる。

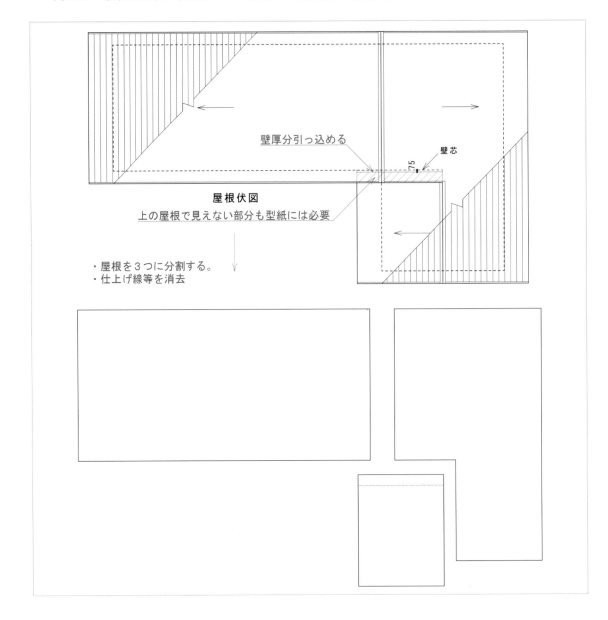

3 図のように、それぞれの屋根で伸びた分を加え、仕上線を作図する。

伸ばす長さは、南立面図（B−B断面図でもよい）の勾配屋根を「測定」（距離測定）コマンドで実測する（→p.209）。

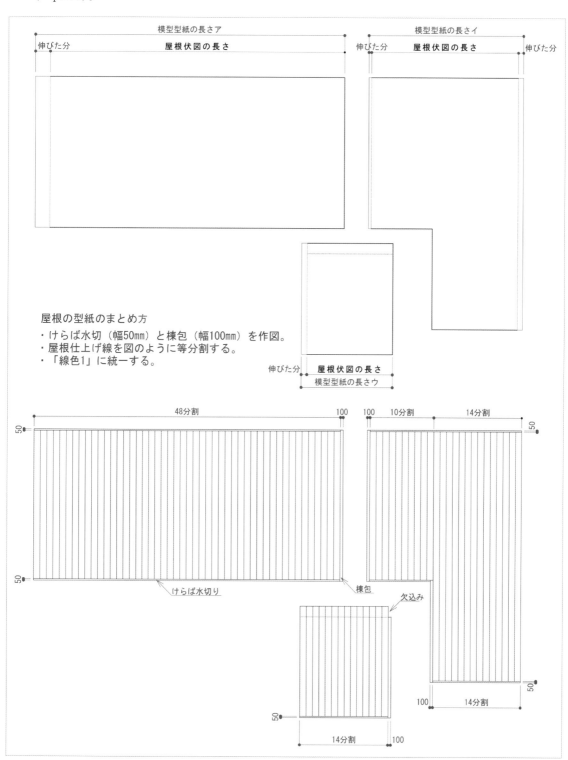

屋根の型紙のまとめ方
・けらば水切（幅50mm）と棟包（幅100mm）を作図。
・屋根仕上げ線を図のように等分割する。
・「線色1」に統一する。

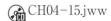

CH04−15.jww

211

ここでは、南立面図と2階平面図を使用して1階屋根の型紙を作図します。

南立面図の屋根勾配部を測定して実際に模型の型紙に必要な長さを知ったうえで、型紙を変形させます。

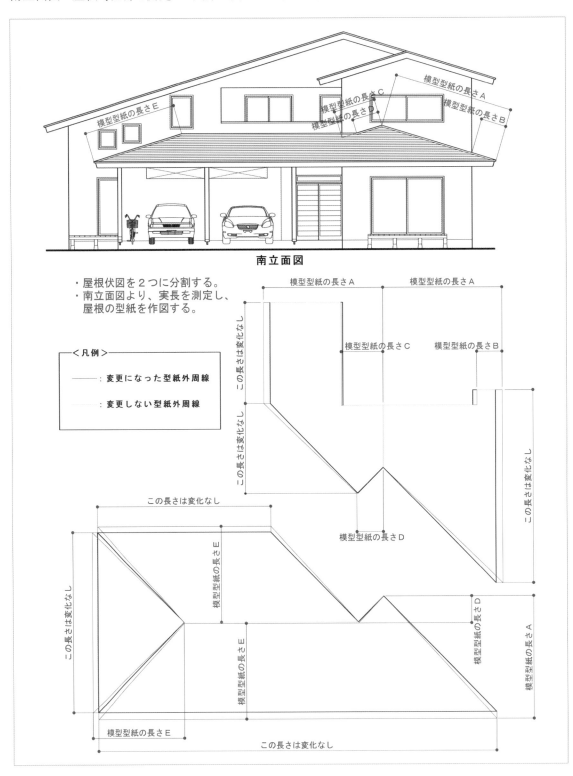

南立面図

・屋根伏図を2つに分割する。
・南立面図より、実長を測定し、
　屋根の型紙を作図する。

＜凡例＞

――― ：変更になった型紙外周線

―――：変更しない型紙外周線

〈 手順の概要 〉

1 2階平面図を使用して作図するので、「4.3.1　2階屋根の型紙を作図」で作図した2階屋根の型紙の下側付近に2階平面図を複写する。

このとき、レイヤグループバー①を🖱（右）してから、非表示レイヤになっているレイヤ⑥を🖱（右）し、ステータスバーの表示が「［1-6］1階屋根伏せ」に切り替わり、1階屋根が表示されることを確認する。

2 図のように、2階平面図を1階屋根伏図だけになるように整理し、不要な仕上線を消去する。

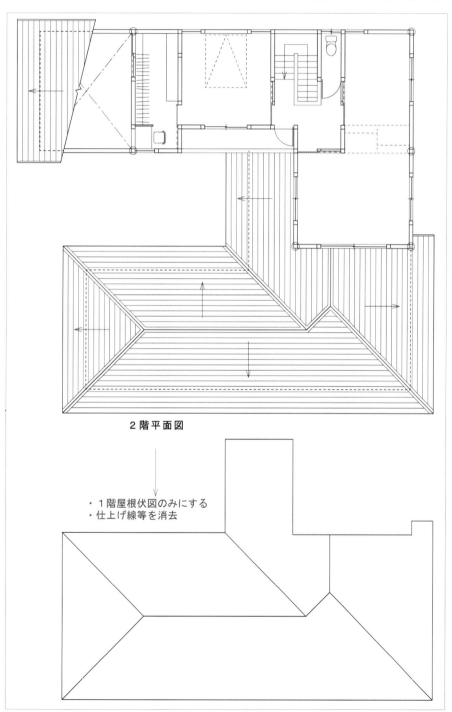

2 階 平 面 図

・1階屋根伏図のみにする
・仕上げ線等を消去

4章
［中級編］木造2階建住宅（縮尺1/50）の模型をつくる

3 南立面図の勾配屋根を測定し、屋根伏図を変形させ、屋根型紙を分割しまとめる。下図のように、不要
になる線は消去する。

4 下図を参考にして、屋根の仕上線を作図する。最後に線色1で統一する。

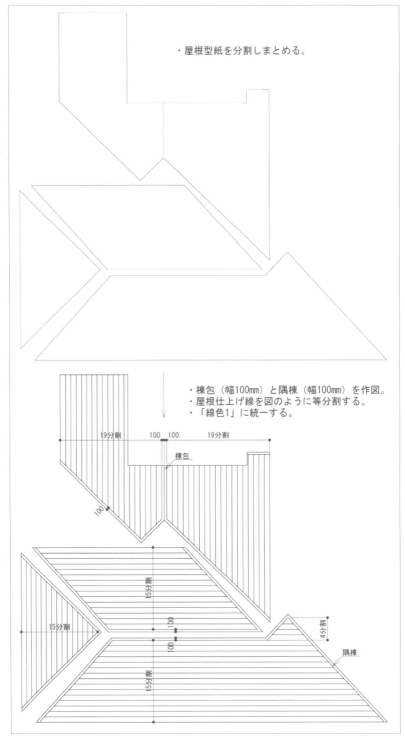

・屋根型紙を分割しまとめる。

・棟包（幅100mm）と隅棟（幅100mm）を作図。
・屋根仕上げ線を図のように等分割する。
・「線色1」に統一する。

19分割　　100　100　　19分割

棟包

100

15分割

15分割

100

100

4分割

隅棟

15分割

CH04-16.jww

4.4 階段・家具類・車・人などの型紙を作図
（一部、縮尺 1/100 から 1/50 へ変換）

階段や家具類は縮尺1/100の1階平面図や2階平面図を利用して複写し、それを1/50に変換して作成します。縮尺1/50では高さ500mmの場合、5mmのスチレンボードを2枚重ねることになります。車や人、ダイニングテーブル・勉強机・椅子は縮尺1/100よりリアルな1/50のデータを用意しています。それをコピーして型紙とします。

4.4.1　階段の型紙を作図

階段の型紙は2階平面図を利用します。2段分の1段にのりを付けてずらして積み上げていくので、2段分が1つの型紙になります。図面では、この建物は階高2900mmで階段は14段です。したがって、蹴上は、2900÷14≒207mmとなります。縮尺1/50の場合は4mmになりますが、スチレンボード厚4mmがないため、代用としてスチレンボード厚5mmを使用します。なお、模型制作時は、4mmに近づけるためあらかじめ圧縮したり、表面の紙を剥いだりして使用します。

〈 手順の概要 〉

1 2階平面図の階段部分を複写（本書ではA−A断面図の下側）し、「3.4.1　階段の型紙を作図」（→p.167）を参考にして、階段と踊場を作図する。

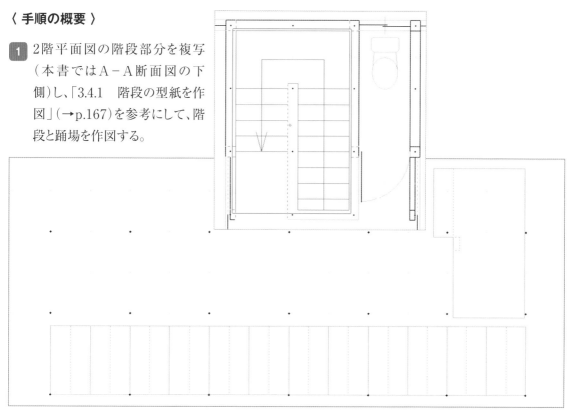

CH04-17.jww

各平面図に作図したキッチン・衛生器具・家具類を単体で複写し、型紙とします。高さはスチレンボードの厚さと枚数で調整します。車とダイニングテーブル・椅子は、1/50のデータを読み込んでコピーします。

1階平面図のキッチン・衛生器具・家具類（赤色部分）

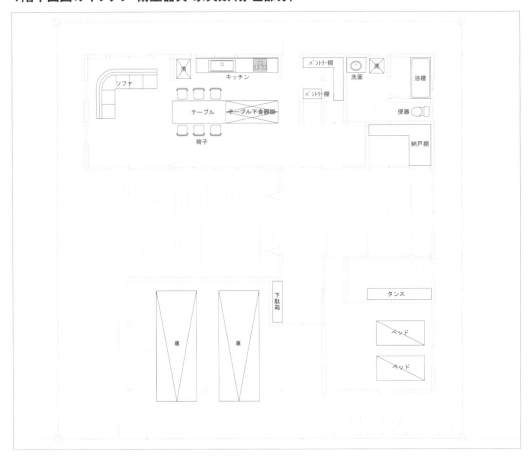

2階平面図の衛生器具・家具類（赤色部分）

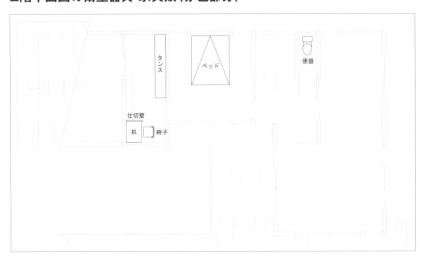

〈 手順の概要 〉

1 キッチン・衛生器具・家具類をそれぞれ1階平面図と2階平面図から切り取り複写（本書では内壁の型紙の下側）する。

2 複写したキッチン・衛生器具・家具類は、不要な線を整理し、それぞれ必要な枚数を複写する。さらに注釈文字を記入する。高さは以下のとおりで、スチレンボードの厚さと枚数で調整する。

- ● キッチン流し台、洗面流し台 ▶ 850mm　スチレンボード 5mm × 3 ＋ 3mm
- ● 便器 ▶ 500mm　スチレンボード 5mm × 2
- ● 洗濯機 ▶ 1000mm　スチレンボード 5mm × 4
- ● 冷蔵庫 ▶ 1800mm　スチレンボード 5mm × 7
- ● 1階・2階ベッド ▶ 500mm　スチレンボード 5mm × 2
- ● ソファ ▶ 500mm　スチレンボード 5mm × 2
- ● 下駄箱 ▶ 700mm　スチレンボード 5mm × 3
- ● 1階・2階タンス ▶ 1800mm　スチレンボード 5mm × 7
- ● テーブル下食器棚 ▶ 700mm　スチレンボード 5mm × 3
- ● 棚類・2階机 ▶ 700mm　スチレンボード 1mm（天板のみ）
- ● 2階仕切壁 ▶ 1800mm　スチレンボード 1mm（壁のみ）
- ● 浴槽縁 ▶ 500mm　スチレンボード 1mm（縁のみ）

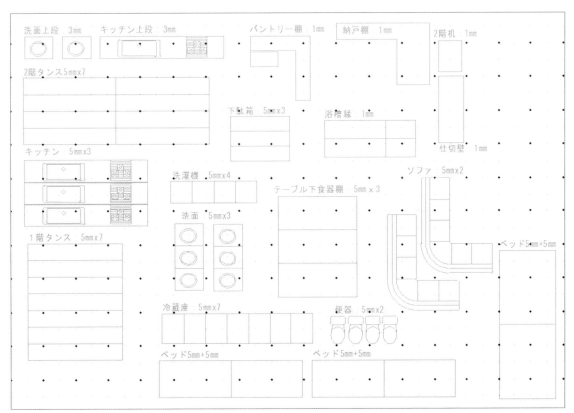

CH04-18.jww

ここまでで、ある程度の型紙が作図できたので、現在の縮尺1/100を模型用の縮尺1/50に変換します。

〈 手順の概要 〉

1 すべてのレイヤグループとレイヤを表示レイヤに切り替えて、作図した型紙以外の図面をすべて消去する。
ステータスバーの縮尺を1/50に切り替え、「全レイヤグループの縮尺変更」にチェックを付ける。
用紙サイズを「A-1」に切り替える。

2 全体表示(→p.24)で用紙枠に移動し、用紙枠線上に「線色1」「点線1」で矩形をかき、4分割する。これを3セット作図する。

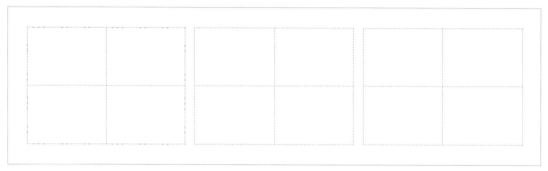

CH04-19.jww

ダイニングテーブル・勉強机・椅子の型紙を付録CDからコピーします。
縮尺が1/50なので1/100よりも模型をリアルに表現できます。ダイニングテーブルには2本の脚(テーブル下収納は脚が不要)、勉強机(図面にはないが2階子供室で使用)には4本の脚を、椅子には背もたれを設けます。

〈 手順の概要 〉

1 付録CDの「模型型紙データ」フォルダから、「50分の1_椅子・テーブル.jww」を開く。

2 図の部分をコピーして、型紙図面データに戻り、貼り付ける。

※本書では用紙枠の左上にコピー

CH04-20.jww

4.4.5	自動車・人の型紙をコピー

〈 手順の概要 〉

1 前項と同様に、付録CDの「模型型紙データ」フォルダから「50分の1_自動車・人型紙.jww」を開き、「コピー」コマンドと「貼付」コマンドの操作を行い、車と人の型紙をコピーする。

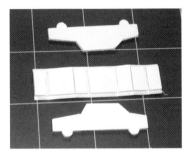

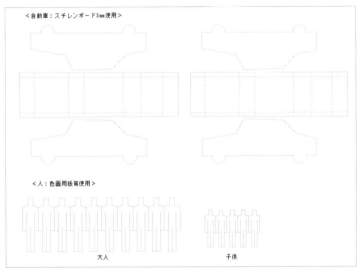

<自動車：スチレンボード3mm使用>

<人：色画用紙等使用>

大人　　　　子供

※本書ではダイニングテーブルなどの型紙の
　右側にコピー

CH04−21.jww

4.4.6	敷地に道路を追加

図面にはない歩道と道路を、敷地の型紙に追加します。

〈 手順の概要 〉

1 敷地の型紙を表示する。
道路境界線側に、歩道1500mm、道路4500mm、歩道1500mmの線をかく。

2 図のように、道路と歩道に着色する。

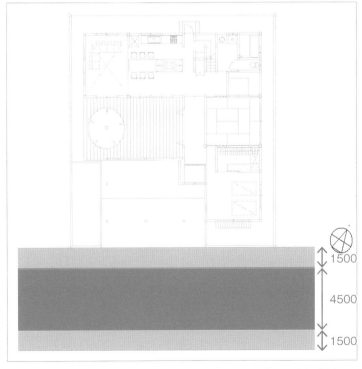

1500

4500

1500

CH04−22.jww

4.5 型紙をA3サイズの図面枠にレイアウトして印刷

前節までで、模型制作に必要な型紙の作図が完了しました。これらを、A3サイズに印刷します。用紙を節約するためにも、型紙間の隙間をできるだけなくし、スチレンボードの厚さを同じ種類にまとめることが肝要です。

4.5.1 図面を移動してレイアウトし、印刷

p.218「4.4.3　縮尺1/100から1/50への変換」の **2** ではA1サイズを4分割してA3サイズの用紙枠を作成しました。この枠に型紙をレイアウトします。ただし、敷地だけはA3サイズに納まらないので、A3サイズを2つ使用し、A2サイズとしてレイアウトします。

下の3つの図はレイアウト例です。新たに注釈を加えたり、向きを変えたりしている型紙もあります。敷地に追加した道路と歩道は、A2縦サイズからはみ出したので、短く調整しています。

なお、この模型の型紙のPDFデータ「木造2階建住宅図面（模型型紙）01−09まとめ.pdf」（9ページ構成）は、付録CDの「模型型紙データ」フォルダの「第4章」フォルダに収録されています。

以下、完成図例です。

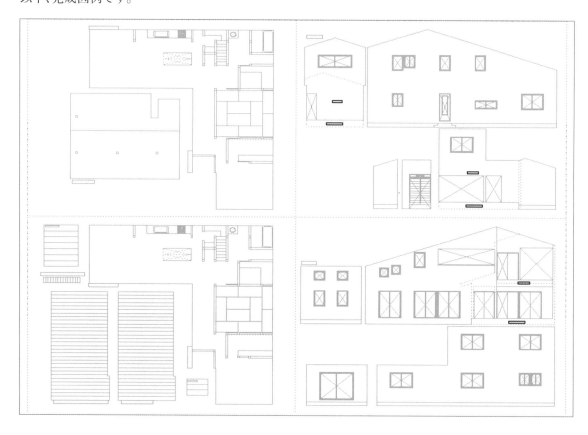

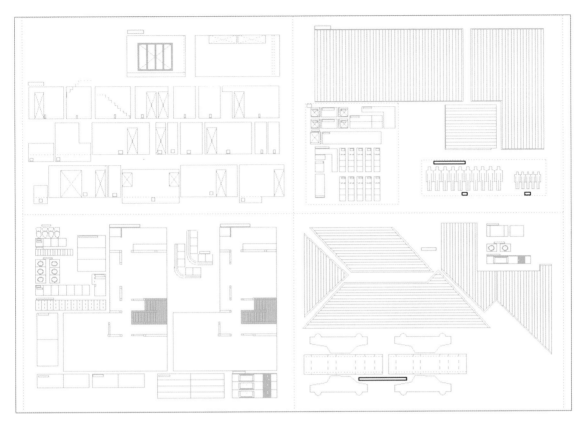

完成した模型の型紙は、「2.5.4　印刷」を参考にして、印刷してください。ただし、A3サイズ用紙印刷対応のプリンタが必要になります。

A4サイズまでしか印刷できないプリンタの場合は、用紙枠をA4サイズにつくり直してレイアウトし直すか、印刷範囲を分割して印刷し、それらの紙を貼り合わせて型紙にしてください。

なお、Jw_cad図面をPDFに変換することで、A3サイズまでなら、コンビニエンスストアなどのコピー機でも印刷できます。

また、敷地型紙はA2サイズになるので、大判印刷が可能なプロッタが必要です。A3サイズに分割して印刷し、貼り合わせて対応することもできます。

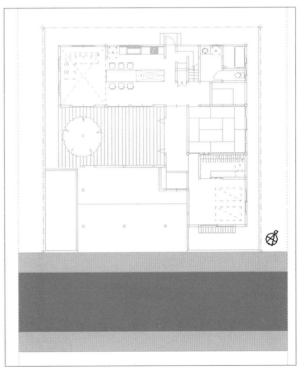

CH04-23.jww

型紙から各パーツを制作して組み立て

印刷した模型の型紙を使用して模型をつくります。

なお、組み立て方法は2〜3章を参考にしてください。ここでは説明は割愛し、完成した模型を写真で示します。

1階内部を含む鳥瞰

2階内部を含む鳥瞰

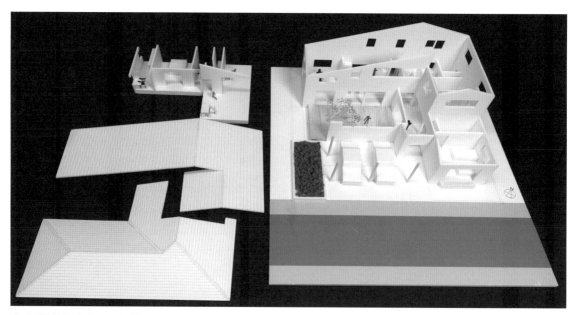

完成模型を分割した状態

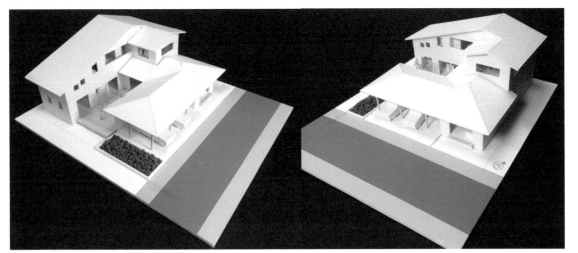

外観(南西側見下ろし)　　　　　　　　外観(南東側見下ろし)

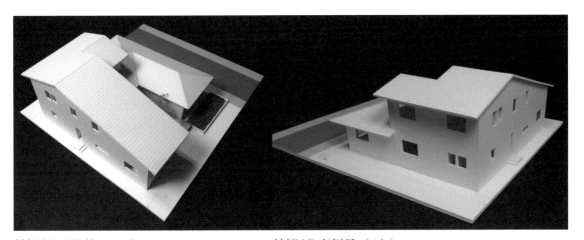

外観(北西側見下ろし)　　　　　　　　外観(北東側見下ろし)

外観(西側見上げ)

◆ 著者解説

櫻井 良明（さくらい よしあき）

一級建築士、一級建築施工管理技士、一級土木施工管理技士。

1963年、大阪府生まれ。

1986年、福井大学工学部建設工学科卒業。

設計事務所、ゼネコン勤務、山梨県立甲府工業高等学校建築科教諭、日本工学院八王子専門学校建築学科・建築設計科教員などを経て、現在、山梨県立甲府工業高等学校専攻科建築科教諭。

長年にわたりJw_cadによる建築製図指導を続けていて、全国のさまざまな建築設計コンペなどで指導した生徒を多数入選に導いている。

著書

『高校生から始めるJw_cad建築製図入門 RC造編 [Jw_cad8対応版]』（エクスナレッジ）

『Jw_cad建築施工図入門 [Jw_cad8対応版]』（エクスナレッジ）

『Jw_cad 建築詳細図入門』（エクスナレッジ）

『いちばんわかる建築製図入門』（エクスナレッジ）

『これで完璧!! Jw_cad基本作図ドリル』（エクスナレッジ）

『高校生から始めるJw_cad建築製図入門 [Jw_cad8対応版]』（エクスナレッジ）

『高校生から始めるSketchUp木造軸組入門』（エクスナレッジ）

『高校生から始めるJw_cad土木製図入門 [Jw_cad8.10b対応]』（エクスナレッジ）

『Jw_cad で学ぶ建築製図の基本 [Jw_cad8対応版]』（エクスナレッジ）

『高校生から始めるJw_cad製図超入門 [Jw_cad8対応版]』（エクスナレッジ）

『高校生から始めるJw_cad建築構造図入門』（エクスナレッジ）

『高校生から始めるJw_cad建築プレゼン入門 [Jw_cad8対応版]』（エクスナレッジ）

『建築製図 基本の基本』（学芸出版社）

『図解 建築小辞典』（共著、オーム社）

『新版 建築実習1』（共著、実教出版）

『二級建築士120講 問題と説明』（共著、学芸出版社）

『直前突破 二級建築士』（共著、学芸出版社）

ホームページ：「建築学習資料館」　　http://ags.gozaru.jp/

ブログ　　　：「建築のウンチク話」　http://agsgozaru.jugem.jp/

Jw_cad でかんたんにつくれる建築模型

2023年 2月 1日　初版第1刷発行

著　者　　　櫻井 良明

発行者　　　澤井 聖一

発行所　　　株式会社エクスナレッジ

　　　　　　〒106-0032　東京都港区六本木7-2-26

　　　　　　https://www.xknowledge.co.jp/

● 問合せ先

編　集　　　p.8の「FAX質問シート」を参照してください。

販　売　　　TEL 03-3403-1321 ／ FAX 03-3403-1829 ／ info@xknowledge.co.jp